KONSERVATIV IN 30 TAGEN

Ein Hand- und Wörterbuch Frankfurter Allgemeinplätze

Herausgegeben von
FRIEDRICH CHRISTIAN DELIUS

Rowohlt

1. Auflage August 1988
Copyright © 1988 by Rowohlt Verlag GmbH,
Reinbek bei Hamburg
Alle Rechte vorbehalten
Umschlaggestaltung Walter Hellmann
Umschlagillustration Hendrik Dorgathen
Satz Bembo (Linotron 202)
Gesamtherstellung Clausen & Bosse, Leck
Printed in Germany
ISBN 3 498 01276 2

INHALT

VORWORT

1.

Der Wunsch, konservativ zu sein, ist immer häufiger zu vernehmen – und immer besser zu verstehen. Seit einem Vierteljahrhundert wächst in der Bevölkerung das Bedürfnis nach dem, was jenseits des Berechenbaren, des Machbaren dem Leben Halt gibt. Gesucht sind Werte, das Transzendente, der Sinn. In der allgemeinen Orientierungslosigkeit wird nach einem Kompaß verlangt, nach einem zukunftstauglichen Weltbild, das Abstand von den bedrängenden Realitäten und zugleich ein gutes Gewissen bietet.

Auf der anderen Seite werden die linken und «fortschrittlichen» Ideologien nicht mehr vom Wind des Zeitgeists begünstigt; sie gelten, vorerst, als passé. Man will sich nicht mehr ängstlich nach allen Seiten umblicken, nicht mehr ständig für alles rechtfertigen müssen. Die Entlastung von solchen Ansprüchen, Zweifeln, Utopien usw. läßt endlich wieder den konservativen Gedanken Raum.

Allenthalben sucht man, bewußt oder unbewußt, die Geborgenheit in einem zeitgemäßen konservativen Denken.

Was heißt heute konservativ? Über den Begriff wird gestritten, von Chateaubriand bis Eppler und Geißler, doch dieser Streit und alle Theorie interessieren uns hier nicht. Nur eines ist wichtig: es muß davor gewarnt werden, sich ein allzu konservatives Bild vom Konservativen zu machen.

Denn das Erfolgsgeheimnis des konservativen Denkens und Handelns ist gerade in einer gewissen Anpassungsfähigkeit an die wirtschaftlichen und politischen Gegebenheiten zu suchen. Zwar bekämpft der Konservative den Radikalismus und Progressismus, die Kultur des Zweifels, der Gleichheit und der Aufklärung, aber er bleibt dabei flexibel – solange seine soziale Position nicht gefährdet ist. Er muß den Status quo nicht lieben, aber er verteidigt diesen Status gegen alle Versuche, ihn zu seinen Lasten zu verändern.

Der Konservative lebt – entgegen dem allgemeinen Vorurteil – keineswegs in der Vergangenheit, auch wenn er sich an ihr orientiert (und warum sollte es auch ein Tabu sein, beispielsweise die Bundesrepublik der achtziger Jahre an der guten Zeit der fünfziger Jahre zu messen?). Er ist nicht gegen den technischen Fortschritt, solange dieser konservativen Bestrebungen nicht im Weg steht. Der Konservative hat also durchaus soziale Interessen und feste Überzeugungen, aber er darf nicht von den Vorteilen sprechen, die er von beidem hat. Denn das Geheimnis, das das konservative Streben so attraktiv und dynamisch macht, sollte möglichst gewahrt bleiben: man darf egoistisch sein, ohne sich als Egoisten bezeichnen (lassen) zu müssen.

Kurz: noch nie war der Konservativismus so progressiv wie heute. Vielleicht drängen deshalb so viele Menschen auf unsere Seite. Sogar «Grüne» oder Sozialdemokraten wagen es schon, den Begriff konservativ für sich zu reklamieren und umzudefinieren. Sie sorgen damit bewußt für Verwirrung, auch in unserem Lager. Nun ist nicht zu leugnen, daß in Großbritannien zum Beispiel die Linke, die sich radikal nennt, möglichst viele der alten Zustände zu erhalten sucht, während die Konservativen als die radikalen Neuerer erscheinen. Entscheidend ist also nicht das Etikett. Denn nicht jeder, der sich konservativ nennt, ist es. Und viele, die sich fortschrittlich gebärden, dürfen konservativ genannt werden. Entscheidend ist, von wem die Initiative ausgeht, welche Seite offensiv ist, welche in der Defensive verharrt.

2.

Konservativ ist kein Zauberwort, an das zu klammern dem einzelnen Erlösung von allen Übeln verspricht. Ebenso liefert es keinen Deckmantel für Opportunisten. Konservativ, das ist ein Programm, ja, ein offensives gesellschaftspolitisches Programm. Das führen diejenigen Konservativen beispielhaft vor, die es geschafft haben, an fast allen Schaltpunkten unserer Gesellschaft nahezu ungehindert zu wirken.

Die Vielfalt dieser Praxis, die offene oder eher verborgene konservative Systemveränderung, scheint manchmal im Widerspruch zu konservativen Reden zu stehen. Dieser scheinbare Gegensatz erzeugt bei den Neulingen in unserem Lager oder denen, die sich anzuschließen wünschen, häufig Unsicherheit über das den Erfordernissen der Zeit angemessene, also richtige konservative Denken und Handeln. Konservieren heißt bewahren, das weiß jedes Schulkind. Aber was denn nun zu bewahren sei, von wem und wann und wie und unter welchen Bedingungen, das zu bewerten und zu entscheiden scheint schwieriger denn je. Zwar hilft immer noch die Faustregel: Nur wer etwas zu verlieren hat, weiß, was zu bewahren ist. Aber in einer Zeit, in der alles fragwürdig zu werden droht, fällt es vielen Menschen schwer, in jeder Situation mit passenden konservativen Meinungen, Argumenten und Redensarten zu bestehen und zu glänzen.

3.

So ist es dringend an der Zeit, sowohl für die Anfänger als auch für die Fortgeschrittenen eine neuartige Orientierungshilfe zu bieten. Zwar gibt es Hunderte von einschlägigen Zeitschriften und Büchern, aber auf einen leichtverständlichen Ratgeber wartete das Publikum bislang vergebens. Die vorhandene Literatur hat überdies den Nachteil eines eher theoretischen Zugriffs – während es doch mehr denn je not tut, die konservativen Einstellungen nach praktischen Gesichtspunkten sichtbar und nutzbar zu machen.

Einen Ratgeber, einen Maßstab, eine Orientierung im Alltag benötigt aber auch der schon gefestigte Konservative. Denn auch er muß ständig dazulernen, auch er hat sich immer wieder zu prüfen, ob er genügend konservativ ist.

Aus all diesen Gründen hat sich der Herausgeber entschlossen, ein Lehrbuch für eine zügige Aneignung des konservativen Denkens zu erstellen. Es wäre fahrlässig gewesen, bei einem solchen Unterfangen nicht auf die Vorarbeit und Mitarbeit derer zurückzugreifen, die sich seit Jahrzehnten an vorderster Meinungsfront bewährt haben. Deshalb ist das vorliegende Hand- und Wörterbuch ausschließlich aus den Leitartikeln und Kommentaren der Politik- und Wirtschaftsseiten eines Jahrgangs (1987) der Frankfurter Allgemeinen Zeitung (FAZ) zusammengestellt. Der Blick des Herausgebers galt allein den täglich zumeist acht Glossen und Leitartikeln, aus denen er die über den Tag hinaus brauchbaren und gültigen Formulierungen wählte. Das für konservative Zwecke nicht hundertprozentig brauchbare Feuilleton, die Meinungsartikel außerhalb der Kommentarspalten sowie die verschiedenen wöchentlichen Beilagen dieser Zeitung wurden nicht berücksichtigt.

Unter vielen konservativen Blättern ist gerade die FAZ ideal für unser Unterfangen, aus zwei Gründen.

Zum einen wird diese Zeitung durchaus in missionarischer Absicht geschrieben. Ihr Anspruch: Sie *muß nicht nur eine Meinung aussprechen, sie muß auch meinungsbildend wirken. Es kommt darauf an, daß die Stimme der Zeitung Widerhall findet.* Das gilt besonders für die Meinungs- und Leitartikel. *Der Leitartikel leitet den Leser auf dem Weg, auf dem sich die Politik der Zeitung bewegt... Im Leitartikel wird Politik gemacht... Der Leitartikel will nicht erziehen; aber er will überzeugen, mahnen, warnen, ermutigen. Er wirkt auf die öffentliche Meinung ein, er verhilft ihr zum Ausdruck, versucht, ihr gedanklichen Halt zu geben.*

Zweitens: Der Erfolg gibt diesen Absichten recht. Keine andere Zeitung in unserer Republik hat einen größeren Einfluß, keine wird von so vielen im Land wie ein frommes Brevier geachtet und ausgedeutet. Wirtschaft und Handel betrachten sie als ihr Organ: Mund und Nase, Auge und Ohr in einem. Nach der FAZ richten sich die Regierenden, wenn sie es irgend können, und die Regierten, sofern sie Abonnenten sind. Da dieser Zeitung das Wohl der Industrie über alles geht, weiß sie immer, wo die Gegner zu suchen sind, bleibt sie bei aller Dynamik fest. Da der Markt und das Recht ohnehin für sie und aus ihr sprechen, kann sie sich ganz auf die Fortbildung ihrer Leser konzentrieren. Sie vertritt nicht sektiererisch eine bestimmte konservative

Richtung, sondern die Mitte all dieser Richtungen. Sie ist der Katalysator des neoliberalen wie des altkonservativen, des nationalen wie des neokonservativen Gedankenguts.

Die Redakteure dieser Zeitung sind Meister der Rhetorik. Sie scheuen weder offensive noch, wenn es sein muß, doppelbödige Argumente. Sie beherrschen im heftigsten Interessenkampf das Vokabular der Anständigkeit ebenso wie die Schlagkraft von Allgemeinplätzen und die Ekstasen der konservativen Ironie. Ihre Köpfe sind klug, und sie geben ihren Lesern stets das Gefühl, fast so klug zu sein wie sie selber. Mehr noch: Sie sind die obersten Richter in Meinungsfragen, mit ihren Leitartikeln rücken sie der gebildeten Nation die Leitbilder ins rechte Licht.

So dient alles, was in der FAZ geschrieben steht, der Fortbildung, der Unterhaltung, der Lehre. Da aber nicht jeder Mann und jede Frau täglich vom – oft nicht leicht zu erkennenden – konservativen Geist zehren können, soll in diesem Lehrbuch ein ergiebiger Extrakt angeboten werden, der, über die tägliche Aktualität hinausgreifend, Nutzen über viele Jahre verspricht. Darum hat sich der Herausgeber die Mühe gemacht, die wirkungsvollsten Formulierungen aus den Frankfurter Allgemeinen Seiten aufzulesen, im konservativen Sinn zu bewahren und in eine pädagogisch sinnvolle Ordnung zu bringen.

4.

Jeder Tag, jede Lektion erweitert Schritt um Schritt den konservativen Horizont. Die einzelnen Lektionen sind so unterteilt, daß die Lernziele zügig erreicht werden können. Zunächst werden kurze Lesetexte zur Einstimmung in den jeweiligen Themenbereich geboten. Eine kleine Sachkunde liefert handliche Formulierungen zu einem wichtigen Unterthema. Die Liste der Vokabeln und Redensarten soll systematisch den Wortschatz und die Ausdrucksvielfalt erweitern helfen. Dazwischen erlaubt sich der Herausgeber einige bescheidene Hinweise für die Praxis. In den Übungen wird bereits eigenständiges konservatives Denken verlangt bzw. das Umdenken und Übersetzen trainiert. (Beispielhafte Lösungen für die Übungsaufgaben finden sich im

Anhang.) Es folgen besonders anschauliche Merksätze, die sich vor allem die Anfänger möglichst wörtlich einprägen sollten.

Es sei hier angemerkt, daß nur die kursiv gesetzten Formulierungen vom Herausgeber stammen, alles andere den Kommentatoren der Frankfurter Allgemeinen Zeitung zu verdanken ist. Vereinzelt wurden nur Satzausschnitte zitiert – selbstverständlich ohne Veränderung des Sinns – und der besseren Lesbarkeit halber vom Herausgeber mit einem Punkt ergänzt. Die in Klammern gesetzten Sinnergänzungen stammen, sofern sie nicht kursiviert sind, aus der FAZ.

Wer sich pro Tag eine Stunde für dieses Büchlein nimmt – es braucht wirklich nicht viel intellektuellen Aufwands, um konservativ zu werden oder konservatives Denken zu vertiefen –, wird sich bereits nach einem Monat die Grundlagen angeeignet haben. Schon nach wenigen Stunden bzw. Tagen wird man sich dem neuen Zeitgeist zugehörig fühlen. Doch erst, wenn man das Buch ganz durchgearbeitet hat, ist die Spezialisierung zu empfehlen, hin zur neoliberalen, neokonservativen, neonationalen usw. Vollendung. Jeder mag für sich entscheiden, wohin sein Weg führen soll. Die Hauptsache ist, das neue oder neu gestärkte Mitglied der konservativen Gemeinde hat ein Bewußtsein von der gemeinsamen Front und ein gesundes Selbstbewußtsein angesichts der Tatsache, die inzwischen sogar von der Linken neidvoll anerkannt wird: Der Geist steht rechts!

Möge unser Hand- und Wörterbuch in diesem Sinne sich viele Freunde und Feinde erwerben!

Der Herausgeber

1. TAG
DER MENSCH

Lesetext 1: Auch im wissenschaftlich-technischen Zeitalter sind die Menschen durch das Unvermögen gefesselt, in ihrem Wunsche nach Zugriff auf das, was hinter den Dingen steckt, über die Grenze des Menschenmöglichen hinauszukommen. Das ist der Grund dafür, daß die Suche nach Wahrheit, nach Sinn, nach Gott so oft ins Leere stößt. Am Bestreben, hinter die Grenzen des Meßbaren und Denkbaren zu kommen und zu dem vorzustoßen, was dem Menschen verläßlich Halt gibt, fehlt es nicht.

Lesetext 2: In wachsenden Quartieren unserer Gesellschaft ist die Emanzipation zum Götzen geworden. Sie duldet keine andere Autorität neben sich; und so kann der einzelne weg-emanzipieren, was ihn stört: nicht nur ein ungeborenes Kind, sondern auch jede menschliche Bindung, jegliches Sichverlassenkönnen, jede Pflicht ... Eines Tages wird der Wahn der Emanzipation um jeden Preis vergehen – wie jeder andere in der Geschichte der Menschheit verging.

Lesetext 3: Die Menschen haben längst begonnen, die Freiheit von Not in den Wunsch nach Selbstbestimmung und Eigengestaltung ihres Lebens umzumünzen. Ein Kollektiv, das sich solchen Wünschen verschließt, hat keine Zukunft: es kann nur noch Schaden in der Gegenwart anrichten.

Sachkunde 1:
Der Mensch zwischen Kindheit und Tod

Fast alle Kinder sind heute Wunschkinder.

Mit der «Demokratisierung» der innerfamiliären Beziehungen fielen ihnen (den Kindern) auch Mitspracherechte beim Konsum zu.

Es verhält sich wohl so, daß der Klau-Trieb zwar in der menschlichen Natur tief verwurzelt ist, sich aber heute erst bei Erreichen einer hohen Reizschwelle Bahn bricht: Eine Jugend, die alles hat, kann nur den Wohlstand klauen.

Der einzelne muß in allen Lebensaltern an sich arbeiten, muß Bewußtsein für seine Muttersprache und deren rechten Gebrauch entwickeln und verfeinern.

An die Stelle der Disziplin treten beim gereiften Menschen Selbstdisziplin und Verantwortung.

Andererseits wachsen erst mit dem Alter die Erfahrungen. Sie sind nämlich nicht systematisch lehrbar.

Man braucht die Älteren wieder ... Erfahrung und Urteilsfähigkeit haben die Älteren den Jüngeren voraus.

Der Mensch wird immer älter, die Zeitspanne seines Berufslebens dagegen kürzer.

Daß der Mensch zum Pflegefall im Alter wird, läßt sich schon bei seiner Geburt versicherungsmathematisch kalkulieren.

Mit der Angst vor dem Alter sind auf Dauer keine Geschäfte zu machen.

Wenn vom Tod die Rede ist, spricht man nicht über Geld.

Der Prozeß des Erwerbs und des Umgangs mit dem Gefühl für die Sprache ist erst mit dem Tode abgeschlossen.

Sachkunde 2:
Mensch und Menschliches

Mensch und Börse: Das Herz der Börse bleibt der Mensch.

Mensch und Dackel: Das Gassigehen unterscheidet Mensch und Dackel.

Mensch und Diebstahl: Namentlich im Alter von vierzehn bis achtzehn Jahren neigt der Mensch zum Klauen.

Mensch und Fernsehen: Kann wirklich der arbeitende Mensch morgens in den Fernsehkasten schauen?

Mensch und Gott: Der Mensch kann aus eigener Kraft Gott nicht erkennen.

Mensch und Neugierde: Die Neugierde gehört zum Menschen, vor ihr bleibt keine Tür verschlossen – und das ist richtig so.

Mensch und Sport: Dabei (beim Weg nach oben) bleibt das Menschliche oft auf der Strecke.

Mensch und Sprache: Wenn sich die Menschen, besonders die, die ein öffentliches Amt bekleiden, der Leistung ihrer Sprache bewußt wären und blieben, wenn sie sich immer mühten, deren Mittel behutsam und den Sprech- und Schreibanlässen angemessen einzusetzen: sie blieben von Irrungen und Wirrungen verschont.

Mensch und Technik: Der Mensch und seine Technik mit allen ihren Unzulänglichkeiten.

Mensch und Weihnachten: Zu Weihnachten benehmen sich die Menschen wie Kinder, die zwischen Realität und Phantasie nicht unterscheiden wollen.

Vokabeln und Redensarten

Anstrengungen   Eigene Anstrengungen gelten heute weithin als unnötig und überflüssig.

Einzelner   Was ein einzelner vermag? Diese Frage klingt ein wenig hausbacken und altfränkisch und ist doch so wichtig für das Bild, das wir uns von der Welt machen.

Feindbilder   Der Umgang mit Feindbildern ist schwierig, und er wird schwierig bleiben, solange verschiedene Wertordnungen für verschiedene Menschenkollektive gelten.

Fußgänger   die altmodischste Erscheinung unter den sich fortbewegenden Menschen.

Kapitän   Dennoch erwarten die Menschen, daß die Kapitäne nach Art der Väter die größte Gefahr auf sich nehmen, wenn es brennt – ob nun auf dem Schiff oder als Chefs von Regierungen und Firmen.

Optimist, wahrer   schöpft seine Lebensfreude auch aus kleinen Dingen.

Privatsphäre, angeblich unantastbare

Protest   Was treibt eigentlich die Menschen in der Bundesrepublik dazu, nahezu alles zum Gegenstand des Protests zu machen?

Radikalität   Menschen, deren bisherige Sicherheit bedroht ist, reagieren offensichtlich heute ähnlich wie vor hundert Jahren: mit Radikalität.

Wesen, soziales   Der Historiker I. fragt gar, ob der Mensch überhaupt noch ein soziales Wesen sei.

Wo wird das enden?   Der Mensch droht mit seiner über alles bisher vorstellbare Maß hinaus angewachsenen Zahl nicht nur seine Lebensgrundlagen nachhaltig zu beschädigen oder gar zu zerstören, sondern das gesamte ökologische System auf der Erde irreparabel aus dem Gleichgewicht zu bringen. Wo wird das enden?

Hinweise für die Praxis

Es mag scheinen, als könne über den Menschen alles und jedes gesagt werden, weil jede Feststellung über Menschen auf irgendeine Weise richtig sei. So vordergründig sollte der Konservative nicht denken.

Weil der Konservative, der Bürger überall in der Mitte steht, darf er sich glücklich schätzen, fast automatisch über das einzig richtige und objektive Bild vom Menschen zu verfügen. Deshalb kann er unbesorgt von dem Menschen sprechen. Der Mensch ist niemand Geringerer als er selber, ins Unendliche gespiegelt, einzigartig, unteilbar, vollständig. Nur der Konservative weiß, was Tradition und künftige Bestimmung des Menschen sind – oder weiß zumindest, was sie nicht sind.

Menschen, die diesem homogenen Menschenbild nicht entsprechen, sollte die Bezeichnung Menschen keinesfalls vorenthalten werden. Ihnen gegenüber ist jedoch in der gebotenen Sachlichkeit festzustellen: Alle Menschen sind ungleich.

Argumentieren Sie, wo immer möglich, vom Menschen her. Aber es muß genau bedacht werden, wie über welche Menschen zu reden ist. Wenn es sich nicht empfiehlt, materielle Fakten und Faktoren zu erwähnen, sollte möglichst das Menschliche betont werden. Wenn die Betonung des Menschlichen allerdings die Veränderung politischer oder sozialer Gegebenheiten suggerieren könnte, müssen Sie rechtzeitig die materiellen Fakten in Ihre Argumentation einbauen.

Es versteht sich, daß gleichfalls in der Frage der Menschenrechte nicht alles über einen Kamm geschoren werden darf.

Übungen

Übung 1: Formulieren Sie auf vornehme Art: Alle Menschen sind ungleich!

Übung 2: Übersetzen Sie in unauffälliges Deutsch: Nur der Konservative hat die einzig wahre Vorstellung vom Menschen und seiner Würde!

Übung 3: *Unterstellen Sie, ohne ein politisches Argument zu benutzen, dem politischen Gegner, der beispielsweise eine Anti-Apartheid-Kampagne betreibt, menschenfeindliche Absichten! Was betreibt er wirklich?*

Übung 4: *Stellen Sie – in einem Satz – Subventionen negativ und die Entlassung von mehreren tausend Arbeitern eher positiv dar!*

Übung 5: *Grenzen Sie sich ab von falschem Menschenrechts-Pathos!*

Übung 6: *Arbeiten Sie mit schlagkräftigen Begriffen, wenn zu viel über Menschenrechte in verbündeten Ländern diskutiert wird!*

Merksätze

Die Natur des Menschen hat sich nicht verändert; aber er will das nicht wahrhaben.

Ganz abgesehen davon, daß der Krieg Menschen prägt...

Die Menschen in der Bundesrepublik wollen nicht den Kampf.

Menschen, die in der Freiheit leben, vergessen zu schnell, daß der Feind auch im Mißbrauch dieser Ordnung selbst zu suchen ist.

Die Peitsche der Existenzangst – wer würde sie wollen? Aber die Lahmheit der allzu früh Saturierten ist auch ein Problem.

2. TAG
DIE NATUR

Lesetext 1: Den Sumpf trockenlegen und die Wüste bewässern –
darauf war das menschliche Streben lange aus. Nun ist alles anders, da soll der Sumpf feucht, die Wüste trocken, kurz: die Natur natürlich bleiben. Dem Fortschritt wird der Rückmarsch ge-
blasen.

Lesetext 2: Wer in einen knackigen, rotbackigen Apfel beißt,
spürt oft vergeblich dem Aroma seiner Kindertage nach... Wer
empfindet Bananen oder Apfelsinen noch als fremdländisch,
wer hat noch nie Kiwis gegessen?

Lesetext 3: Es gab einmal bequeme Zeiten der ungetrübten
Freude am technischen Fortschritt. Der Blick auf Flüsse und
Meere verhieß da eine unbegrenzt belastbare, wie man es heute
nennen würde, «Endlagerstätte». Dem ist nicht so. Auch die
Kraft des Meeres ist nicht unbegrenzt, und es gibt das, was ihm
zugemutet wird, eines Tages gnadenlos zurück.

Sachkunde: Unser Wald

Der Wald, zumal der deutsche, liegt jedem billig und gerecht
Denkenden am Herzen.

Der Wald, der «deutsche Wald», bedarf freilich keinerlei modi-
scher Zuwendung. Er ist Bestandteil des deutschen Bewußtseins. Wir «beseelen» ihn seit Jahrhunderten.

Der Wald, sosehr wir ihn schätzen, ist für sich allein genommen
nicht unbedingt ein Naturphänomen, das liebenswert wäre.
Prosaisch ausgedrückt, ist er eine Ansammlung von vielen Bäumen.

Auch in dem Märchen von Hänsel und Gretel ist der Wald eine
unheildrohende Stätte der Verlassenheit, der Irrnis und Wirrnis.

19

Jedes Kind fühlt die Einsamkeit und Trostlosigkeit der beiden von ihren Eltern Verstoßenen mit, und so mancher Erwachsene der heutigen Generation mag sich doch ein wenig gefürchtet haben, wenn er sich im Bayerischen Wald verirrt hatte und «sich des rechten Weges nicht mehr bewußt war».

Aber so herrlich die Lichtungen den Wald erhellen mögen, die wahre Wald-Weisheit beginnt mit der Wiese am Waldrand.

Der Wald wird immer hochgelobt. Aber das Beste am Wald ist die Wiese.

Dem Wildliebhaber kommt zugute, daß der Schrecken von Tschernobyl vielen noch in den Gliedern sitzt. Die Preise für Reh, Hirsch und Wildschwein fallen weiter.

Vokabeln und Redensarten

Alleebäume die ausgebrannten trostreichen Allee-bäume der Vergangenheit.

Anheimgegebene Ruhe, gesunde Luft, blütenübersäte Wiesen, weidende Viehherden und schmucke Bauern-häuser locken der Natur innig Anheimgegebene aufs Land.

Feldarbeit Wer dieser Tage über Land geht, kann allenthalben Bauersleute bei der Feldarbeit sehen.

Gewitter Das berühmte «reinigende Gewitter» kann, zumal wenn es mit Sturm und Hagel einhergeht, auch einmal schweren Schaden anrichten.

Gipfel Ruhe über den Gipfeln ist daher aus mancherlei Gründen nicht das beste Zeichen. Ein frischer Wind muß wehen – allerdings in die richtige Richtung.

Meer Immer wieder bezaubert das Meer.

Petrus' Gunst Eine vernünftige Verkaufsplanung... ist bei dieser Abhängigkeit von Petrus' Gunst schwierig, wenn nicht gar unmöglich.

Pilze-Sammeln ist heute eine Liebhaberei mit leicht kulinarischem Akzent.

Regen Dem geteilten Deutschland ging das ungeteilte voraus – nicht wie die Schuld der Strafe, sondern wie dem Regen das Gewitter.

Sauberhalten Organisierte Aktionen Gutwilliger an mit Pomp begangenen Jahrestagen zeigen lediglich, daß das Sauberhalten der Natur nicht mehr selbstverständlich ist.

Schwein Den sparsamsten Braten aber liefert nach wie vor das Schwein.

Sehnsucht, wandervogelhafte Aber der Überdruß an einer technisch-gemütsarmen Gesellschaft, die wandervogelhafte Sehnsucht nach der rein erlebten Natur – all das verlockt zur Stimmabgabe für die Grünen.

Sturm Wenn der Sturm so recht pfeift, rücken die Menschen zusammen, die Gäste und die Einheimischen.

Temperaturen, eisige Herrschen eisige Temperaturen, so kann der Handel kaum genug Daunenjacken und Stiefel anbieten.

Weite des Landes Ein Wald mag noch so schön und majestätisch für sich selbst sein, er ist nichts ohne die angrenzenden grünen, meist mit Blumen buntgefleckten Wiesen, die den Blick freigeben für die Weite des Landes.

Welt Da, an der Grenze zwischen Wald und Wiese, ist die Welt am schönsten.

Wiese Man dankt dem Wald, was man der Wiese schuldet. Aber wer redet von der Wiese?

Winter die Jahreszeit, die zwischen Herbst und Frühjahr liegt und sich von beiden seit jeher unterscheidet.
– Im Winter kriecht die Kälte von den Händen, die das Buch halten, die Arme hinauf und den Rücken wieder hinunter.

Winter, richtige Die Älteren, die in ihrer Schulzeit noch richtige Winter kennengelernt haben, sind des Umgangs mit Schnee und Eis entwöhnt.

Hinweise für die Praxis

Die Natur ist konservativ. Ihre unveränderlichen Gesetze und Kreisläufe, ihre Ordnung und ihr Chaos, ihre Bedrohlichkeit und ihre Schönheit sind für jedermann fühlbar und erfahrbar. Deshalb eignet sich die Natur vorzüglich, konservative Lehren und Vorstellungen anschaulich zu untermauern.

Mit dem ganzen Reichtum der Natur läßt sich auch in der politischen Auseinandersetzung trefflich argumentieren. Spielen Sie die Natur gegen die Gesellschaft und gegen nichtkonservative Veränderungsabsichten aus! Wenn Sie rhetorisch geschickt mit der Natur umgehen, beweisen Sie überdies, daß die Natur auf unserer Seite steht. Das bedeutet: Ihr Gegner befindet sich von vornherein auf der schiefen Ebene des Widernatürlichen, des Modischen, des Eigeninteresses.

Die Natur stellt Leben und Tod gleich. Wenn Sie mit dieser Relativierung des Lebens argumentativ arbeiten, haben Sie stets eine passende Antwort auf die Gesellschafts-Fanatiker.

Die Natur sagt, was wir ihr diktieren. In ihrer Stimme hören wir unsere Stimme – aber wir müssen diese Stimme selbstverständlich als eine allgemein-menschliche, natürliche ausgeben.

Übungen

Übung 1: *Die Natur sagt, was wir ihr diktieren. Was diktieren Sie dem Wald?*

Übung 2: *Die Natur stellt Leben und Tod gleich. Illustrieren Sie das auch an trivialen Beispielen!*

Übung 3: *Werfen Sie denen, die sich für die Natur einzusetzen vorgeben («Grüne»), egoistische Interessen vor!*

Übung 4: *Wenn die «Friedensbewegung» sich zum Angriff rüstet, triumphieren Sie mit einem Natur-Argument!*

Übung 5: *Vergessen Sie, auch in der Not des Waldsterbens, niemals die ökonomischen Aspekte!*

Übung 6: *Nutzen Sie die Vielfalt der Jahreszeiten und der Witterung zur Erklärung der verschlechterten Konjunktur! Sprechen Sie in diesem Zusammenhang nicht nur von Klima und Klimawerten usw.!*

Merksätze

Mit allgemein gehaltenen Formeln über den Wert der Natur und den Sinn des Umweltschutzes ist niemandem gedient.

Im Dschungel gibt es keine Unschuldslämmer.

«Eine Schwalbe macht noch keinen Sommer.» Dies mag eine zutreffende Beobachtung der Natur sein, ist in der Politik aber irreführend.

Die Sonne des Wohlstands und die Freiheit sind erreicht; doch beides muß ständig gesichert werden.

Auf dem Gipfel ist es eng, die Luft dünn.

3. T A G
DIE GEFÜHLSWELT

<u>Lesetext 1</u>: Philosophie und Quantenphysik lehren, daß die Welt naturnotwendig mit Unsicherheit behaftet ist. Doch auch der aufgeklärte Bürger sehnt sich nach Geborgenheit, und er sucht diese Geborgenheit, fast instinktiv, im Kollektiv. Das Kollektiv hat viele, teils ungewohnte Gesichter: das Auffangnetz für eine abwertungsbedrohte Währung, die Quotenvereinbarung für die Stahlproduzenten Europas, die Solidareinrichtungen der Sozialpolitik. Menschen, die ihr Schicksal in solchen Erscheinungsformen des Kollektivs verwoben sehen, machen sich Sorgen um einen Zustand von Währungssystemen, Börsen, Sozialbilanzen und Stahlkartellen gerade dann, wenn sie den Bauplan und die Betriebsanleitung derartiger Konstruktionen nicht durchschauen. Sie spüren die Angst mehr, als daß sie die Ursachen von Kursstürzen und Betriebsschließungen begreifen. In der verständlichen Angst vor dem Alleinsein im wirtschaftlichen und technischen Wandel wird übersehen, daß die Suche nach solidarischer Hilfe im Kollektiv zur Flucht in die Sackgasse werden kann.

<u>Lesetext 2</u>: Die unaufdringliche, selbstverständliche Friedfertigkeit und Fröhlichkeit der Turner mag in der zu Zeiten von Gewalttätigkeiten geplagten Großstadt wie eine Wohltat wirken, komme sie auch massenhaft daher ... (Die Turner) haben bewiesen, welche positive, schöpferische und zum Mitmachen anregende Kraft dem Turnen in all seiner Vielfalt innewohnt.

<u>Lesetext 3</u>: Es ist schon einige Jahre her, daß absonderliches Denken zur Verwaltungsmaxime wurde: Das Gutwillige und Wohlmeinende ist verdächtig, aufgeklärtes Verwaltungshandeln verlangt, vom Mitmenschen das Böseste anzunehmen –.

Sachkunde: Angst und Freude

Aber an ihre (der Angst vor dem Tode) Stelle ist die Angst vor der Sinnlosigkeit getreten.

Die weißen Befürworter der Apartheid verhärtet der Fuldaer Beschluß *(über Kündigung eines Kontos bei der Deutschen Bank)* noch in Angst und Haß.

Die offenbar nicht mehr auszurottende Angst vor allem, was radioaktiv ist.

Westdeutsche Ängste vor allem, was mit dem Komplex Kernkraft zu tun hat.

Doch was nützen feingesponnene Erklärungen, wenn die Menschen Angst haben vor der Ungewißheit, der sie sich ausgeliefert fühlen?

Heute dagegen erscheint manchem als ein Himmel auf Erden, was anderen Höllenängste verursacht: die sexuelle Freizügigkeit beispielsweise.

Aber ebendiese selbstgerechte Regelung des eigenen Wohlbefindens bei gleichzeitiger Neigung zu hysterischen Angstanfällen, zu stilisiertem Pessimismus und zur Fixierung auf Nebensächlichkeiten, das alles läßt Zweifel an den Deutschen nicht allein im Vatikan, sondern auch bei anderen Nationalkirchen und Völkern aufkommen.

Dieses Land ist in einem Maße hysterieanfällig geworden, das einem Angst machen kann.

Oder wagen viele nicht, Freude über den (beinahe) eigenen Erfolg zu zeigen aus Furcht vor irgendwelchen Mißverständnissen beim Nachbarn oder sonstwo?

Trifft man nicht immer wieder Menschen, die sich so recht nur freuen können über den Mißerfolg des viel zu oft Erfolgreichen, wenn er nur ein Landsmann ist?

In Freude und Trauer kann jeder hilflos werden.

Kerzenlicht leuchtet über Freud und Leid.

Vokabeln und Redensarten

Begehrlichkeiten Wo Begehrlichkeiten aufeinander treffen, muß mit Streit gerechnet werden.

Bescheidenheit Viele große Männer haben das (*die Erkenntnis, daß* Klasse und sozialer Stand zu wesentlichen Teilen eine Sache des persönlichen Glücks oder Pechs sind) früher oder später erkannt und sich zur Bescheidenheit angehalten.

Bewunderung, primitive Die Bewunderung des Erfolgreichen, seines Lebensstils, seiner Häuser und seiner Autos ist uneingeschränkt und primitiv.

Bewußtsein Erst der Kontrast macht uns bewußt, womit wir es zu tun haben. Die Freiheit vermißt niemand, solange er sie genießt. Nur die Konfrontation mit dem Gegenteil schärft das Bewußtsein. Wer die Armut nicht kennt, weiß den Wohlstand nicht zu schätzen. Wald und Wiese sind auch Kontraste; sie harmonisieren jedoch auf eine, man möchte geradezu sagen begnadete Weise.

Empörung, chronische Manche, für die chronische Empörung zum Lebenssinn geworden ist ...

Festtage Nicht selten trübt die Abfallbeseitigung die Festtage.

Gefühl der Deutschen (Die Stadt Berlin) hat sich nur äußerlich teilen lassen, nicht nach dem Gefühl der Deutschen.

Gefühl für Sprache Es ist nicht seelische Regung wie Gefühl der Liebe, Gefühl des Leids, der Freude oder der Angst. Es ist auch nicht sinnliche Wahrnehmung, die etwa mit dem Gefühl der Wärme, der Kälte oder des Schmerzes zu vergleichen wäre.

Gemüter Aber der Wettlauf der Parteien (um den Schutz der Natur) ... zielt auf die Gemüter.

Halt Seit einem Vierteljahrhundert wächst in der Bevölkerung das Bedürfnis nach dem, was jenseits des Berechenbaren, des Machbaren dem Leben Halt gibt. Gesucht sind Werte, das Transzendente, der Sinn.

Irrationale   jene ins Irrationale reichende Kampagne gegen Raketen und Rüstung.

Lebensgefühl   Möbel nach angeblich bäuerlich-handwerklicher Art zieren städtische Wohnzimmer und lassen ein vermeintlich bäuerliches Lebensgefühl aufkommen.

Liebe und Ehrgeiz,   der Kampf um die Macht und der Widerspruch zwischen den Generationen: ohne sie gäbe es weder Komödie noch Tragödie, weder Geschichte noch Politik. Der Kampf der Söhne gegen die Väter ist vom ältesten Stoff und vom neuesten.

Mentalität   Eine in Jahrzehnten gewachsene Mentalität des Versorgtwerdens und der Bequemlichkeit (kann die Regierung) nicht per Dekret abschaffen.

Neid   ... grotesk, aus vermeintlich sozialen, in Wirklichkeit emotionalen, vom sozialen Neid beflügelten Gründen... den Spitzensteuersatz herauszubrechen.

Ressentiments, soziale   Man denkt nicht mehr in einem Gesamtzusammenhang, sondern nimmt Rücksicht auf soziale Ressentiments.

Schock   Der Schock (über Tschernobyl) sitzt immer noch tief.

Seele, zweite   Jeder Motorisierte ist schließlich auch Fußgänger, und die zweite Seele in seiner Brust ist in den letzten Jahren empfindlicher geworden.

Sehnsucht nach Landleben   Die Landwirtschaft... beutet regelrecht aus, was die anderen Bürger an stiller Sehnsucht nach Landleben und gewohntem Landschaftsbild mit sich herumtragen und daher an Mitleidsfähigkeit für die Bauern aufzubringen geneigt sind.

Sehnsüchte Der Ford Capri stillte Sehnsüchte und weckte Wünsche.

Sexualkontakte Auch heute noch gelten Sexualkontakte den meisten Menschen als Ausdruck von Liebe und Zuneigung.

Sexualkontakte, beziehungslose Parolen wie «Vertrauen ist gut, Kondome sind besser» (die griffige Abwandlung des Lenin-Zitats) aber verstärken die um sich greifende Neigung zu beziehungslosen Sexualkontakten.

Sonderhysterie Hessische Sonderhysterie nach Tschernobyl.

Sozialneid, primitiver darf nicht die Leitlinie (der Koalitionspolitik) sein.

Stimmung, öffentliche «Trend», dem die öffentliche Meinung und die öffentliche Stimmung seit den sechziger Jahren huldigen. Kennzeichen sind Begriffe wie Emanzipation und Entgrenzung des individuellen Entscheidungs- und Entfaltungsspielraums.

Stimmungen, hitzige Es bedarf ... nicht der Provokation, die hitzige Stimmungen noch anheizen.

Träume Wann kann man denn schon in Träume investieren?

Unzufriedenheit schlägt auf die Väter der Subvention zurück.

– Je großzügiger öffentliche Hilfen einzelnen Bevölkerungsgruppen zufließen, desto mehr steigt deren Unzufriedenheit.

Urgrund Zunehmend beginnt dieser «grenzüberschreitende Charakter» von «menschlichen Begegnungen» auch Wurzeln zu schlagen im Urgrund der Emotionalität.

Verführung Die alltägliche Verführung im Supermarkt möchte keiner mehr missen.

Hinweise für die Praxis

Die Macht der Gefühle darf nicht unterschätzt werden. Doch es muß genau unterschieden werden, wem welche Gefühle zustehen.

Da wir den eigenen Standpunkt immer als den der Mitte, der Ruhe, der praktischen Vernunft und der rationalen Besonnenheit darzustellen haben, dürfte es nicht schwerfallen, abweichende Meinungen als bloß emotionale und irrationale Äußerungen abzuwerten.

Bei nichtkonservativ grundierten, also aus sozialen Konflikten erwachsenden Gefühlen gilt: Gefühle helfen nicht weiter, sind im Zaum zu halten, sind gefährlich.

Der Sozialkritik ist stets ihr Gefühlsgehalt (Neid, Begehrlichkeit, Bequemlichkeit), ergo: ihre Primitivität vorzuhalten. Diese Gefühle sind, genaugenommen, nur Ressentiments.

Konservativ grundierte Gefühle dagegen verbinden sich stets mit konservativen Tugenden (Bescheidenheit, Stetigkeit, Mut).

Wichtig ist: Angst ist stets den anderen zuzuschreiben. Von konservativen Ängsten – vor allem von jener Angst vor der Mehrheit und dem sie begleitenden Chaos – darf öffentlich nicht die Rede sein.

Übungen

Übung 1: Stellen Sie den eigenen Standpunkt immer als den der Mitte dar, der Ruhe und rationalen Besonnenheit, andere Standpunkte als bloß emotional!

Übung 2: Wer unsere Interessen nicht oder nicht hartnäckig genug vertritt, ist feige!

Übung 3:

a) Wählen Sie die stärksten Worte, wenn Politiker die Kontrolle verlieren!

b) Weisen Sie, wenn politische Aufklärung zu peinlichen Ergebnissen führen kann, rechtzeitig auf die Folgen für die Gefühlswelt hin!

Übung 4: *Bilden Sie einen Satz, der das emotionale Mißtrauen gegenüber Deutschen lächerlich macht!*

Übung 5: *Sprechen Sie den Gewerkschaften auch rückwirkend vernünftige Motive ab!*

Übung 6: *Übersetzen Sie politische Fakten in Gefühlszustände!*

Merksätze

Gefühle lassen sich nicht reformieren.

Ehrlichkeit verlangt ein nüchternes Erkennen der schwieriger werdenden Zeit.

Erfolgserlebnisse müssen sein, auch beim Einkaufen.

Wer Erwartungen positiv beeinflussen will, der darf sich nicht dauernd ängstlich nach allen Seiten umblicken.

Auch der Crash nährt Hoffnungen.

DIE FRAU

Lesetext 1: In alten Zeiten kam die treusorgende Ehefrau zur Mittagszeit ans Werktor und brachte das Essen, oder sie gab dem Mann etwas Warmes mit, im Henkelmann. Heute verwirklicht sich die Hausfrau selbst und hat keine Zeit für solche Dienstleistungen.

Lesetext 2: Gleichberechtigung gibt es nicht nur dort, wo es angenehm ist. Die Rechtsordnung aber muß daraufhin überprüft werden, ob sie das eine Geschlecht oder das andere benachteiligt, indem sie Pflichten (*gemeint ist* die heikle Pflicht von Männern, im Krieg andere Menschen töten zu müssen) auf ungleiche Weise verteilt.

Lesetext 3: Noch besetzen fast überall Männer Spitzenpositionen. Wer weiß – vielleicht haben wir eines Tages eine Präsidentin der Forschungsgemeinschaft oder sogar eine Bundeskanzlerin. Viele Feministinnen wähnen, dann würde die Welt weiblicher und damit besser.

Sachkunde:
Das Problem der weiblichen Intelligenz

Besitzen Frauen Verstand? Davon war Christian Thomasius überzeugt, als er vor 300 Jahren...

Sind Mädchen intelligenter als Jungen?... Auf höhere Intelligenz läßt die erfolgreiche Schulkarriere nicht immer schließen. Es könnte ja sein, daß Mädchen fleißiger und braver sind, daß Jungen mehr «dummes Zeug», aber nicht weniger Grütze im Kopf haben. Immerhin sind die Zahlen... geeignet, das alte Vorurteil zu entkräften, Mädchen seien weniger klug.

Während sich die Männer auf die Natur- und Technikwissenschaften stürzen, bleibt den Geisteswissenschaften ein «harter Kern» von Frauen treu. Auf überraschende Weise wird die Theorie von den zwei Kulturen wahr: der Mann ein Homo faber, die Frau ein Homo sapiens? Der Mann ein Macher, die Frau eine Denkerin? Der Mann ein (dummer) Politiker, die Frau eine (kluge) Erzieherin – zu Hause und in der Schule? Lebte Rodin noch, er würde seinen Denker zu einer Denkerin umgestalten.

Schon behaupten manche, Frauen seien klüger.

Vokabeln und Redensarten

Ämter, wichtige Die Parteien in der Bundesrepublik haben es nicht leicht mit den Frauen. Überall drängen sie in wichtige Ämter. Wer ein wichtiges Amt hat und schon in vorgerückten Jahren ist, wagt im Ärger nicht mehr, um Vorruhestand zu reden, denn wo immer ein Posten frei wird, rücken Frauen an.

Ansprüche Während Frauen an häuslichen Arbeitsplätzen selten als geschlossene Gruppe in der Öffentlichkeit auftreten, melden die berufstätigen Frauen immer lauter ihre Ansprüche an.

Anstoß Hand aufs Herz, war es nicht schon fad? Man durfte alles und mit jedem, und keiner nahm Anstoß. Seit der Pille brauchte man sich nicht einmal zu sorgen, ob es noch einmal «gutgegangen war», und für den schlimmsten Fall gab es die soziale Indikation.

Charme, weiblicher In der Wirtschaft stellen Frauen ... nur vier, in der Politik nur sieben und in der Verwaltung gar nur ein Prozent der Führungskräfte. Dieser Mangel an weiblichem Charme in den oberen Etagen kann doch nicht allein daran liegen, daß die Frauen die Kinder gebären?

Dame Mit der Ministerin S. hat er (der CDU-General-
sekretär) dem Kabinett eine Dame zugeführt, die sicher
aufgeschlossen für soziale Fragen ist und weiblichen
Wählern vielleicht attraktiv erscheint; jedoch sind
Zweifel angebracht, ob sie die ökonomischen Zusammenhänge, nach denen soziale Wohltaten von der Lei-
stungsfähigkeit der Wirtschaft abhängen, klar genug
erkennen kann.

Doppelposten Es hört sich gut an, daß beide Ge-
schlechter für die Verwahrung und Sicherung der Waf-
fensysteme verantwortlich sein sollen, doch dies ist entweder eine hübsche Phrase oder wirklichkeitsfremd. Es
kann doch nicht darum gehen, ob der Doppelposten
vor dem Munitionsdepot gleich- oder gegenge-
schlechtlich besetzt ist.

Frauenfragen Und darf man bei Frauenfragen sicher
sein, daß nicht sogar die CDU-Damen mit den Grünen
stimmen?

Freundin Die jetzige Regierung hat es gewagt, auch
Personen, die mit einem nachrichtendienstlich interes-
santen Menschen in «eheähnlicher Gemeinschaft»
leben, in eine fällige Sicherheitsüberprüfung einzube-
ziehen. Aber wie ist es mit der gelegentlich besuchten
Freundin, zum Beispiel?

Geschlecht Die Sozialpolitikerin A. ist ... vor allem
durch ihr Geschlecht prädestiniert.

Geschlechtsverkehr Es stünde der katholischen Ministerin gut an, jetzt auch mit der Moral Ernst zu machen:
sie könnte darauf hinweisen, daß der Geschlechtsverkehr nicht naturnotwendig am Anfang einer Freund-
schaft («unbekannte Partner») stehen muß, sondern
wieder deren Höhepunkt sein sollte – wie früher, obwohl man damals noch keine Angst vor Aids zu haben
brauchte.

Hausfrau, moderne Wenn man vom Vermögen in der
Hand der Bürger spricht, kann man dies (den Privatbe-

sitz) nicht ausklammern, einschließlich aller technischen Hilfsmittel, deren sich heute eine moderne Hausfrau bedienen kann.

Kinderwünsche Kann Familienpolitik nicht vorhandene Kinderwünsche erzeugen?

Köder Je gebildeter die Frauen sind, um so weniger fallen sie auf Köder herein, die von den Predigern des emanzipatorischen Nachholbedarfs ausgelegt werden.

Kontakt mit dem Staat Die Mädchen (haben) weniger Kontakt mit dem Staat als ihre wehrpflichtigen Altersgenossen.

Lobbyisten Wenn die (Mütter) auf den Gedanken kommen, sich selbst als Lobbyisten aufzuführen und unter Hinweis auf das Recht auf ihren Körper die eigenen Interessen gegen diejenigen des Kindes auszuspielen, ist das Kind verloren. In einer Gesellschaft, die aus lauter Interessenverbänden besteht, hat die nicht organisierte Existenz keine Chance, die nicht organisierbare schon gar nicht.

Managerfrauen, unzufrieden Mit großem Elan geht der Familienvater die neue Aufgabe in einem deutschen Unternehmen in Fernost an ... Die Frau und die Kinder haben größte Schwierigkeiten, sich in das neue Umfeld einzufinden. Der Griff zur Flasche scheint ein häufig gewählter Ausweg zu sein. In manchen Fällen verlassen die Frauen fluchtartig das Gastland. In anderen Fällen gibt es Scheidungen und gelegentlich sogar Selbstmorde ... so fühlt sich die Frau schnell eingesperrt und reagiert dementsprechend unzufrieden.

«Schlüsselkinder» – eine der Ursachen hierfür könnte es sein, daß immer mehr Mütter kleiner Kinder ihre eigentliche Aufgabe in der Berufstätigkeit sehen – hierzu angespornt von der Bundesfrauenministerin.

Töten oder Verteidigen Für die Forderung, daß auch Frauen im Krieg das Töten erlaubt sein müsse, ist Z. der Dank seiner politischen Gegner gewiß. Was der Richter wohl ausdrücken wollte, ist, daß auch Frauen das Recht haben müssen, sich zu verteidigen.

«Trümmerfrauen» ...etwa 15 Milliarden Mark eingesetzt werden, um den «Trümmerfrauen» ein Trostpflaster zu geben... Damit werden weder Arbeitsplätze geschaffen noch soziale Notlagen dauerhaft beseitigt. Die Pläne laufen auf eine teure politische, ökonomische und wohl auch soziale Fehlinvestition hinaus.

Unbequemlichkeit Frauen, denen die Schwangerschaft eine Lebenspläne störende Unbequemlichkeit ist, können den Abbruch auch aus eigener Tasche (oder aus der des Schwängerers) bezahlen.

Verlangen (G. sieht) die CDU umbrandet von den Wogen heftiger werdenden Emanzipations- und Gleichstellungsverlangens vieler Frauen.

Zuversicht Frauen-Rechtlerinnen und Frauen-Politikerinnen können Zuversicht schöpfen. Wirklich?

Hinweise für die Praxis

Gleichberechtigung und Emanzipation haben die Rolle der Frauen in Familie und Gesellschaft verändert. Auch als Konservativer kann man diese Entwicklung nicht nur negativ werten. Gleichberechtigung schreibt bekanntlich schon das Grundgesetz vor.

Dennoch ist Skepsis zu empfehlen bei allen Bestrebungen der Frauen, es mit emanzipatorischen Ansprüchen zu übertreiben. Begriffe wie Diskriminierung, Emanzipation usw. sollten stets mit Zusätzen wie «angebliche», «sogenannte» oder mit Fragezeichen benutzt werden. Frauen dürfen nicht (zu) stark, (zu) selbständig, auf keinen Fall überlegen sein und als solche dargestellt werden.

Feste Regeln für das praktische Argumentieren und Handeln sollen hier nicht vorgegeben werden – auch im Interesse der Frauen, die konservativ sind oder zu werden wünschen.

Nur eines ist für alle Fälle ratsam: Wo immer es um Frauen und ihre Rechte geht, ist milde Ironie angebracht.

Übungen

Übung 1: *Die Frau ist ein wichtiger Teil der Natur, aber nicht so wichtig, daß man sie vor die Wissenschaften von der Natur stellen sollte! Bilden Sie Beispiele!*

Übung 2: *Wenn von der angeblichen Diskriminierung der Frauen gesprochen wird, parieren Sie, wenn Sie ein Mann sind, stets mit der Diskriminierung der Männer!*

a) Beispiele?

b) Was folgt daraus?

Übung 3:

a) Immer wieder sagen, was die Frauen wollen sollen!

b) Berufstätige Frauen sind meistens Querulantinnen und stellen unsinnige Forderungen. Welche?

Übung 4: *Große Forderungen, kleine Ironie!*

Übung 5: *Was ändert sich, wenn Frauen mehr Rechte eingeräumt werden?*

Übung 6: *Formulieren Sie diskret, daß der Weg erfolgreicher Frauen nur durch die Betten erfolgreicher Männer führen kann!*

Merksätze

Was soll man mit den Frauen machen?

Die «Arbeitsteilung» zwischen Laien und Priestern und zwischen Mann und Frau ist in der Kirche geregelt.

Das Zerbrechen von Ehen fängt oft bei Kleinigkeiten an.

Es gibt keine feministische Theologie – ebensowenig wie es eine weibliche Soziologie oder eine weibliche Physik gibt.

Dieselben Frauen, die in holder Egozentrik Parkverbote belächeln, unterwerfen sich der jeweils neuesten Kleidermode.

5. TAG
GESUNDHEIT UND KRANKHEIT

Lesestück 1: Jeder solle so viel für seine Gesundheit ausgeben können, wie er es für richtig hält. Aber es ist falsch, das mit Solidarbeiträgen zu bezahlen. Der einzelne Versicherte muß fühlbar an den Kosten aller von ihm in Anspruch genommenen Leistungen beteiligt werden.

Lesestück 2: Die neuen Ärzte, die nun alle Felder... überschwemmen, legen das für ihren Stand seit jeher kennzeichnende soziale Engagement anders als früher aus: als ein allgemein-politisches Mandat mit «ärztlicher Zuständigkeit» für alle Lebenszusammenhänge. Angesichts desillusionierender finanzieller Aussichten und Aufstiegsmöglichkeiten finden die Verbände... Zuspruch, die ihren Mitgliedern ideelle Kompensation bieten: der neue Onkel Doktor möchte auch das überkommene System «verarzten».

Lesestück 3: Was beispielsweise wird aus Rentenversicherungen, wenn tatsächlich immer mehr (junge) Menschen an Aids sterben? Wie sollen künftig Lebensversicherungen berechnet werden? Welchen Einfluß hat eine Krankheit, die zwar zu einem sicheren Ende führt, die aber gleichwohl eine überaus lange Latenz- und Leidenszeit mit sich bringt, auf die Entwicklung der Krankheitskosten? Haben Bevölkerungsstatistiker bereits den Faktor Aids mit in ihre Rechnung einbezogen? Wie stellen sich Banken und Finanzinstitute, Schulen und Universitäten, Kirchen und Wohlfahrtsverbände darauf ein, daß sich unter dem Eindruck der Seuche die Bevölkerungsstruktur vielleicht anders entwickelt, als es die bisherigen Annahmen vorsehen? Ist der Handel, ist die Industrie darauf gefaßt, daß womöglich eine Kundenschicht ausfällt? Was wird aus dem Immobilienmarkt?

Sachkunde: Das Kondom

Hat sich der CDU-Vorsitzende die «geistig-moralische Wende» so vorgestellt? Eine Behörde der Bundesregierung ruft öffentlich zum Gebrauch von Kondomen auf...

Die Kampagne (der Ministerin) aber engt die Aids-Vorsorge auf den Gummischutz ein, während es doch um viel mehr geht.

... Warnung vor der Illusion, man könne sich die gefährliche Krankheit mit einem Gummiüberzug vom Leibe halten.

Das Kondom scheint gesellschaftsfähig zu werden.

Kondome sind nur die Feigenblätter der Aids-Prävention.

Wer in Kondomen den so sicheren wie empfehlenswerten Schutz sieht, beraubt die Heranwachsenden auch der Phase der zögernden Suche.

Was ist, wenn ein jungverheirateter Mann auf einer Geschäftsreise darauf (auf die apodiktische Feststellung «Kondome schützen») vertraut – und sich doch infiziert?

Haben diejenigen genug getan, die den Spruch «Kondome schützen» propagierten?

Das Kondom ist in aller Munde.

Ist sich das Ministerium der Stimmung in der Bevölkerung so wenig sicher, daß es der Kondom-Lobby nicht einen Tag widerstehen zu können glaubt?

Vokabeln und Redensarten

Aids nicht als Seuche im Sinne des Gesetzes begreifen zu wollen, hieße, den Kopf in den Sand zu stecken.
Aids, die Folgen Die Folgen der Seuche schlagen auf die Außen- und Verteidigungspolitik über.

Ansteckungsgefahr Steckt Grün unter Abiturienten und Studenten an?

Apotheke Einst als Apotheke der Welt berühmt, hat Deutschland seine führende Stellung bei der Entwicklung neuer Arzneimittel längst eingebüßt.

Ärzte, arme Unter den Versicherten viele…, die mit weniger Verantwortung für Leib und Leben anderer viel höhere Einkommen erzielen als die meisten Ärzte.

Bedrohung Das gefährlichste an der Bedrohung durch die Immunkrankheit Aids ist also wohl, daß sie auch die gesellschaftlichen Abwehrsysteme auf den Kopf stellt.

Briefkultur Die Gefährdung der Briefkultur hat aber ebenso mit den Krankheiten unserer Zeit zu tun.

Gesundheitswesen Aber der Marsch in das staatlich gelenkte und bürokratisch verwaltete Gesundheitswesen ist wohl nicht mehr aufzuhalten. Und die Koalition der «Wende» führt ihn auch noch an.

Läufer Gerade beim Läufer wird auch persönlicher Mut sichtbar. Er muß, wenn es ums Ganze geht, sein Herz in beide Hände nehmen.

Lebensgewohnheiten, bürgerliche …unter den (Aids-)Erkrankten ein wesentlicher Teil nicht an bürgerliche Lebensgewohnheiten gebunden.

Molkepulver (konnte) der bayrische Umweltminister getrost einen Löffel voll essen.

Moral Zudem ist unbestritten, daß diejenigen, die ihr Leben an der Moral der Kirche ausrichten, kaum Gefahr laufen, mit dem gefährlichen Virus infiziert zu werden.

Pharmaindustrie Die Pläne der Gesundheitspolitiker lassen gerade für die Pharmaindustrie noch Schlimmes erwarten; auch für die Patienten sind damit Risiken verbunden.

Prostituierte Weil Bundes- und Landesbehörden so tun wollen, als hätten die Infizierten ein Recht auf freien Sex – nur «safer» soll er sein –, müssen sie das Volk wie Prostituierte behandeln.

Rauchen Sie (die Ministerin) will auch die Erwachsenen vom Rauchen abhalten ... sie will das «Bewußtsein» der Bevölkerung verändern. Aus den Deutschen soll ein Volk von Nichtrauchern werden ... Daß der Staat von sich aus darüber bestimmen will, was richtiges und falsches Bewußtsein ist, erscheint aber fragwürdig, vor allem wenn man erfährt, auf welchem Wege dieses Ziel erreicht werden soll.

Reisegepäck Als äußerstes Reisegepäck-Minimum galten bisher Paß und Zahnbürste. Das wird sich ändern. Die sterile Einwegspritze wird hinzukommen müssen.

Verseuchung Verfütterte man das (radioaktive Molke-) Pulver jetzt, wäre eine radioaktive Verseuchung nicht zu befürchten.

Hinweise für die Praxis

Gesundheit und Krankheit sind Privatsache, nur Aids nicht.
Viele Krankheiten entstehen nur, weil es Krankenkassen gibt.
Was Gesundheit ist und kosten muß, weiß die Pharmaindustrie am besten.
Alle Menschen sind ungleich. Deshalb muß jeder Ansatz zur Einheitsmedizin bekämpft werden.

Übungen

Übung 1: *Wer ist schuld an der Krankheit unseres Gesundheitssystems? Und warum?*

Übung 2:

a) Werten Sie die Krankenkassen mit drei Worten ab!

b) Beispiel für das unsoziale Sozialsystem!

Übung 3: *Begriffe für das Ergebnis der gleichmacherischen Krankenversicherungs-Reform?*

Übung 4: *Machen Sie jeden Vorschlag staatlicher Gesundheitsvorsorge lächerlich!*

Übung 5: *Weisen Sie stets darauf hin, daß trotz der durch «Tschernobyl» zu erwartenden zusätzlichen Zahl von Krebstoten noch niemand an radioaktiver Verseuchung gestorben sei! Auch wenn Sie auf die Plutonium-Inkorporationen bei Nukem, die hohe Strahlendosis im Mineralwasser, die niedrige in der Milch usw. angesprochen werden – steuern Sie immer auf die gleiche Folgerung zu!*

Übung 6: *Schlagen Sie aus jeder Krankheit argumentatives Kapital, aber formulieren Sie möglichst indirekt!*

Merksätze

████████

Wer Gesunde schützen will, muß sich nahezu entschuldigen.

Nicht, daß es Aids gibt, sorgt für Unsicherheit, sondern daß man nicht weiß, wer es hat.

Medikamente sind nicht wie Brillengestelle beliebig austauschbar, auch wenn sie dieselben Wirkstoffe enthalten.

Offenbar steht immer dann die Gesundheit auf dem Spiel, wenn es um Wettbewerb geht.

Die deutsche Wurst soll rein bleiben.

6. T A G
MORAL UND WERTE

Lesetext 1: Eine progressive oder permissive Haltung wird in der Bundesrepublik besonders hoch geschätzt. Aber sind die Deutschen darum besser dran als andere? Hat sich ihr Pluralismus nicht als Deckwort für eine Beliebigkeit entwickelt, die substantielle Überzeugungen verächtlich oder doch entbehrlich findet? Man ist nach allen Seiten offen, im Zweifelsfall «liberal», und steht, wenn überhaupt wo, in der Mitte.

Lesetext 2: (Modell des Abbaus der Werte, in der CDU:) Erstens: das Recht des Individuums..., zu tun, was es für richtig hält, gilt möglichst uneingeschränkt. Zweitens: allgemeinverbindliche Normvorstellungen und der von ihnen ausgehende Verhaltensdruck auf den einzelnen sind abzubauen. Das förderte eine Lebenshaltung, die mit der Grundeinstellung vieler CDU-Wähler im Widerspruch steht ... verstärkte Anpassung an den vermuteten «Trend». Im Wettbewerb um den Abbau der noch verbliebenen Normen, um noch mehr Rechte bei Ablösung von den Pflichten hat die CDU eine prinzipiell überlegene Konkurrenz.

Lesetext 3: Sind demokratische Ordnungen nicht anders als durch die permanente Irreführung des Wählers zu regieren oder liegt es allein an der mangelnden Kompetenz oder auch Moral der Politiker, wenn nicht mehr in Gesamtzusammenhängen gedacht und gehandelt wird?

Sachkunde: Moral und Politik

Für lange Zeit wird bei Betrachtungen über den alten Antago-
nismus von Moral und Politik der Name B. als Beispiel herhal-
ten müssen.

Sobald Machterhaltung und Machtgewinn bis in die Bundesländer... zur vermeintlichen Kernfrage verabsolutiert sind, müssen
die Anfechtungen für die Funktionsträger fast unwiderstehlich
werden.

Wenn nahezu überall die Mehrheiten von Zehntelprozentpunk-
ten abhängen, wird die Versuchung übergroß, mit allen gerade
noch erlaubten, auch mit vielleicht schon nicht mehr erlaubten
Mitteln ein paar hundert zusätzliche Wähler für ein entscheiden-
des Mandat zu gewinnen.

Die Moral ist morsch geworden.

Was im Privatleben moralisch oder unmoralisch ist, ist es auch
im politisch-publizistischen Leben.

Darüber hinaus wäre freilich auch eine allgemeine Gewissenser-
forschung angezeigt.

Vokabeln und Redensarten

Argumente, «moralische»   sollten aus dem Spiel bleiben (in der Abrüstungs-Debatte).
Bereich des Moralischen   Wenn daher die Leistungsfä-
 higkeit der Wirtschaft stranguliert wird und aus diesem
 Grunde das soziale Niveau gesenkt werden muß, ist
 auch der Bereich des Moralischen berührt.
Böse, das, Böse, der   Für den deutschen Beobachter ist
 das kein Grund zur Genugtuung, nur eine erschrek-
 kende Bestätigung dafür, daß das Böse, der Böse überall
 Werkzeuge findet. (Barbie)

Fehler Wenn der Schriftsteller bei der Arbeit Fehler macht, dann passiert gewöhnlich nichts, wenn der Autolenker dasselbe tut, dann kann das Millionen kosten.

Glaubwürdigkeit Auch für Glaubwürdigkeit scheint das Gesetz von Angebot und Nachfrage zu gelten...

Gründe, tiefe Was den Papst schier fassungslos werden läßt, ist die nonchalante Art, in der eine an die tiefen Gründe der Moral rührende Entscheidung durch öffentliche Versicherungs-Subvention ihrer Bedeutung beraubt wird.

Grundstock Die auf Lebenszeit geschlossene Verbindung eines Mannes und einer Frau in der Ehe gilt als der Grundstock der europäischen Kultur und der Rechtsordnung. Öffentlich wird das ererbte Bild der Ehe anerkannt, die bindet, bis der Tod Mann und Frau scheidet.

«Immunschwäche» Viele haben das Gefühl, die Bundesrepublik leide an einer politisch-moralischen «Immunschwäche». Jedermann weiß, nur die grundlegende Veränderung des eigenen Verhaltens kann wirklich helfen, aber zu wenige ändern es.

Libertinage Jeder, der sich über die wachsende Libertinage im Straßenverkehr beklagt, sollte sich einmal selber prüfen: Handle ich so, wie ich es von anderen erwarte?

Moral und Nüchternheit Moralische Kategorien mag die Gewerkschaft verwenden. Arbeitgebern steht Nüchternheit besser an.

Schranken, moralisch-ethische Zusammenhang zwischen dem Abbau moralisch-ethischer Schranken und der Verbreitung der körperlichen Immunschwäche Aids... unabweisbar.

Selbsterhaltung und -entfaltung Wo das Prinzip der Selbsterhaltung und -entfaltung triumphiert, darf man sich nicht wundern, wenn auch Philanthropen verdächtigt werden, ihre gemeinnützigen Werke entsprängen eigennützigen Interessen.

Sexualverhalten Alle Kulturen kennen Regeln für das Sexualverhalten; die Gesellschaften der sogenannten ersten Welt haben fast keine mehr. In den vergangenen zwanzig Jahren sind die «Tabus» gestürzt worden, die im ursprünglichen Sinn besondere Personen, Zeiten oder Orte kennzeichnen.

Sichstoßen, körperliches Auch beim körperlichen Sichstoßen in einer überfüllten Massengesellschaft hat das «tschuldigen Sie» seinen Sinn.

Sinn des Lebens Veränderte Vorstellungen über den Sinn des Lebens: So mancher hat nicht mehr den Plan, einen Beruf zu erlernen, ihn auszuüben, nach seinen Kräften und Chancen Erfolg zu haben und dann in Ehren in Rente zu gehen. Das gilt bei vielen als spießig, als vorgestrig. Man möchte keine «Lebensstellung».

Stimmung, öffentliche «Trend», dem die öffentliche Meinung und die öffentliche Stimmung seit den sechziger Jahren huldigen. Kennzeichen sind Begriffe wie Emanzipation und Entgrenzung des individuellen Entscheidungs- und Entfaltungsspielraums.

Werte Die Kirche hält daran fest, daß es Werte gibt, die dem eingreifenden Belieben entzogen sein müssen.

Werte, eigene *nur in der CDU zu finden.*

Wertepluralismus Wenn der Wertepluralismus, wie es gelegentlich geschieht, nicht nur zum obersten, sondern zum einzigen Verfassungswert erhoben wird, verwandelt sich Kultur, auch die politische Kultur, zu dem was R. Spaemann eine hypothetische Zivilisation genannt hat. Sie löst alle Verbindlichkeiten in ein Geflecht von Wenn-Dann-Beziehungen auf...

Werte-Verständnis, pervertiertes Mittelpunkt und Symbol dieses pervertierten Werte-Verständnisses ist die Abtreibung.

Werte-Vorstellungen, lückenhafte wir (im Westen), von lückenhaften Werte-Vorstellungen geleitet.

Hinweise für die Praxis

Es ist wichtig, konservative Interessen und Privilegien möglichst nicht explizit auszusprechen, sondern sie im Gewand allgemein menschlicher Werte und Moralvorstellungen zur Sprache zu bringen.

Es ist wichtig, daß Konservative die Macht der Definition der Werte und Moral behalten.

Darum ist allen «Progressiven» das Recht einer Definitionsgewalt über Werte und Moral grundsätzlich abzusprechen.

Wo Privilegien sind, ist die Moral der Friedlichkeit, wo Besitztümer sind, ist die Moral des Rechts, wo Eliten und Massen sich gegenüberstehen, ist die Moral der Pflicht unter allen Umständen zu verteidigen.

Moral hält die Gesellschaft zusammen, aber jede Spielart des «progressiven» Moralismus zerstört sie.

Ein Problem muß offen ausgesprochen werden: Viele moderne Konservative berufen sich nicht mehr auf Werte und Moral. Sie bauen allein auf sich selbst und den Markt. Auf die Dauer werden jedoch auch diese besonders progressiven Konservativen zumindest einen Teil der bewährten Orientierungen brauchen.

Übungen

Übung 1: Die Politik soll sauber bleiben von Moralisten!

Übung 2: Formulieren Sie anständig: Die einfachen Wähler haben sich nicht einzumischen (Beispiel Rüstung)!

Übung 3: Zeigen Sie, daß eine moralistische Scheinaktivität, z. B. um Menschenrechte, nur schäbiges Machtspiel ist!

Übung 4: Umschreiben Sie, wenn es denn sein muß, die Moralverstöße eines Konservativen!

Übung 5: Was ist wirklich ungerecht auf dieser Welt?

Übung 6: Formulieren Sie die Erkenntnis «Erst kommt das Fressen, dann die Moral» auf vornehme Art!

Merksätze

Die Botschaft, daß es in Sachen der Moral keinen Fortschritt gebe, ist für alle, die an den Fortschritt glauben, schwer erträglich.

Der Moralist trägt den universellen Anspruch seiner Maximen vor sich her.

Sich zu entschuldigen, ist ein Zeichen von Stärke, sich zu einer Entschuldigung drängen zu lassen, ein Zeichen von Schwäche.

Selbstlosigkeit ist eine nicht allzu weit verbreitete Tugend.

Viele Briefe, die geschrieben werden könnten, vor allem Briefe des Dankes, bleiben ungeschrieben.

7. TAG
DIE KULTUR

Lesetext 1: Erst die Kultur im Sinne von Kultiviertem, Gepflanztem, Erzogenem und Gebildetem ermöglicht Kultur im Sinne von geistiger Frucht und geschmackvollem Stil, von zeitlos Wertvollem und schutzwürdigem Erbe. Und dabei ist es auf dem Feld der Politik wie auf dem Gebiet des Geistes und der Kunst: der Weg, die Entwicklung ist das Mühselige, Langwierige, das Ergebnis erst ein Genuß. Politische Kultur bedarf kultivierter Politiker aller Ränge, ist nur als deren Leistung überhaupt vorstellbar.

Lesetext 2: Der von García Márquez gerühmte «Realitätssinn» der Dichter fällt nicht vom Himmel; er ist, aufbauend auf einigen nicht gerade häufigen Gottesgaben, das Ergebnis einer beständigen und intensiven Bemühung. Wie sehr vermißt man gerade diese Bemühung bei manchem, was heutzutage verfaßt wird, wobei man gar nicht einmal nur an Fernseh-Stücke zu denken braucht, die offenbar häufig ohne jede Kenntnis des Metiers, das sie darstellen, geschrieben werden.

Lesetext 3: Nicht Bilder, flüchtige, sind das Bleibende... Es sind vielmehr die Wörter, die Texte, die in Anwesenheit gespannter und kundiger Zuhörer unmittelbar gesprochen und anschließend von allen gehört, gelesen, wiedergelesen, bedacht und bewahrt werden.

48

Sachkunde 1:
Die Kunst und die Künstler

Die Kunst... hat sich freilich angewöhnt, den Wunsch (nach Brot), den sie mit allen Menschen teilt, sehr einseitig zu adressieren.

Ansprüche der Künstler zielen nicht auf die Macht des Staates, sondern auf seinen Reichtum... Aus dem Zensurverbot des Grundgesetzes entsteht ein Subventionsgebot, das Anrecht gibt auf öffentliche Hilfe.

Jeder Versuch, die Freiheit der Kunst gegen andere, konkurrierende Freiheiten abzuwägen, jede verweigerte Protektion, jedes ungeschminkte Werturteil wird als Zensur empfunden und verurteilt. Der Staat soll sich verhalten wie ein Dunkelmann und schweigen. Er habe das Preisgeld zu stiften, ... zum Rang der preisgekrönten Werke aber nichts zu bemerken. Warum eigentlich nicht?

Freiheitspathos, das sich darin gefällt, die Hand, die das Brot reicht, auch zu beißen.

Wo jemand, der sich auf das Leben des Künstlers eingelassen hat, eines Tages enden werde, in der schloßartigen Villa, einer normalen Wohnung oder im Sozialheim, das war bis vor einiger Zeit ein Merkmal, ein Reiz und eine Gefahr zugleich ... jetzt ist jeder Künstler ein potentieller Sozialrentner.

Irrsinnsbekundungen auf der alten Prachtstraße Kurfürstendamm im Zeichen scheinkultureller Betätigung.

Die wetterfesten Berliner (halten) eine Provokation nicht für ausreichend, ein Gebilde zum Kunstwerk zu erklären. So überschütten sie denn die Skulpturen mit österlichen Entrüstungspredigten *(wie «entartete Kunst»)* ... Wer sich über die Kritik ärgert, frage sich, ob die Künstler im Westen je an ihre Adressaten denken –.

Aber die öffentlichen Programm-Tafeln (eines in Bochum gespielten Ibsen-Stücks) tragen das Symbol eines Atomkraftwerks, zweifach dick rot durchstrichen. Das hat mit Kunst nichts zu tun, ist von dem Zweck der Subventionen nicht gedeckt. Hier ist die Grenze dessen, was die Behördenwillkür der Kunstselbstverwaltung – in einer Demokratie – darf.

Daß Rockmusik, schon die Erwartung solcher, auf Enthusiasmierte weder beruhigend noch kopfklärend wirkt, ist nicht neu.

Weil sie die Politik moralisch aufzurüsten und die Moral politisch zu halbieren suchten, hat die Glaubwürdigkeit der Intellektuellen gelitten.

Wie verhalten sich Schriftsteller, Intellektuelle, Philosophen und Politiker gegenüber der schicksalhaften Probe (Aids)? Gibt es bald den großen Aids-Roman?

Ein Minimum der Übereinstimmung wäre, daß auch die subventionierte Kunst alles darf – nur eines nicht, direkt in die Politik eingreifen.

Sachkunde 2:
Die Presse

Sturz eines Ministerpräsidenten wegen eines angeblichen, von einer Zeitschrift behaupteten «Skandals». Das hat es noch nicht gegeben in der Bundesrepublik.

Präzise abgelassene Dampfwolken aus publizistischen Sudküchen (sind) nicht nur wahl-, sondern lebensentscheidend.

Tätigkeit jener Zeitschrift ..., die darauf bedacht war, einen von ihr wegen seiner politischen Richtung nicht geschätzten Ministerpräsidenten zu stürzen.

So kann mißbrauchte Pressefreiheit einen Staat zur Illustriertenrepublik verkommen lassen, ebenso wie mißbrauchte Versammlungsfreiheit ihn zur Mob-Republik ... verformen kann. Aber daß B. auch ein Opfer der Illustriertenrepublik geworden ist, muß im Sinne bleiben.

Presseorgane dürfen Politiker und Politiker dürfen Presseorgane kritisieren; und sollten etwa gerade Illustrierte, Nachrichtenmagazine und ähnliche Erzeugnisse königliche Unantastbarkeit genießen?

Hinzu kommt bei der jüngsten Affäre die Einbildung (der Presse), im öffentlichen Auftrag zu handeln – als Übeltäter mit dem Heiligenschein.

Ein Journalist, der ausdauernd recherchiert, soll nicht Spitzel sein oder Polizist oder der Große Bruder.

Auch die meisten Journalisten, die, bescheidener, Kritik der Kontrolle vorziehen, hoffen auf Erfolg. Ihr waghalsiger Glaube an das Gute im Menschen und die Durchsetzungskraft des besseren Arguments in der Demokratie äußert sich in dem Bemühen, das Gute oder doch das Bessere durch Kritik am Schlechten zu befördern.

In Wirklichkeit ist sie (die sogenannte «Schere im Kopf») ein notwendiges Arbeitsgerät.

Sachkunde 3:
Fernsehen, öffentlich-rechtliches

Öffentlich-rechtlicher Gulliver.

Öffentlich-rechtliche Anstalten... treiben eine Marktverstopfungsstrategie gegen die private Konkurrenz.

Zumutung, daß die Privaten (Fernsehanstalten) sozusagen gefesselt auf den Markt gehen und aus den... Werbe-Einnahmen die Fesseln bezahlen müssen.

Die einen sitzen auf einem Gebührenpolster, das immer wieder nachgestopft werden muß. Die anderen müssen ihre Chancen suchen auf einem begrenzten Werbemarkt. Eine solche Reglementierung bei aufkommender Konkurrenz zugunsten der Besitzenden ist eine seltene Erscheinung.

Ihm (dem öff.-rechtl. Rundfunk) wird sogar zugestanden, daß er sich weiterhin – systemwidrig – auf dem Felde der Werbung Einnahmen holen kann, wo zu ernten die einzige Chance der privaten Veranstalter ist.

Das öffentlich-rechtlich verfaßte Fernsehen... lebt zudem von einem offiziösen Wahrheits- und Zurechtweisungsnimbus.

Es ist auf die Dauer in einer (zunehmend mit Recht) so genannten «Informationsgesellschaft» nicht erträglich, wenn gerade mit elektronischen Publikationsmitteln eine Bewußtseinsbildung in missionarischer Absicht getrieben wird – welche auch immer.

Sogar im günstigen Falle unvoreingenommener Widerspiegelungen öffentlicher Vorgänge spitzt es (das Fernsehen) alle Themen zu, die entweder von selber ins Gespräch kommen oder absichtsvoll ins Gespräch gebracht werden. Es versetzt die Zuschauer, den «Souverän», mit spannend ins Bild gesetzten Aufbereitungen in Bewußtseinszustände, die ebenfalls nur Nervenärzte richtig beschreiben könnten, da die Psychologen sich zur Zeit mit Massenpsychologie nicht beschäftigen wollen.

Eine zwar späte, aber dennoch zu lobende Aufwallung ihres (der ARD-Intendanten) Gefühls für Ausgewogenheit und publizistischen Anstand (als sie sich gegen «Meinungsmache» in Politmagazinen aussprachen).

Der Journalist, wegen seiner Horror-Berichte über Kernkraftwerke seit langem im Streit mit *(dem ehemaligen Sekretär des Bundeskanzlers, heute:)* der Intendanz, ist... mit Recht gefeuert worden. Mit «Majestätsbeleidigung» hat die Sache nicht das geringste zu tun.

Was «öffentliche Meinung» heißt und was so viel Macht hat, wie die Politiker ihr zumessen.

Umwelt-Faktor, von dessen Mitwirkung sich die Väter des Grundgesetzes nichts träumen ließen: Fernsehen.

Das Publikum müßte sich selber entschlossen an der Programm-Aufsicht beteiligen. Wenn dieses Korrektiv gegenüber Rundfunk und Fernsehen nur halb so wirksam würde wie schon längst und mit Recht gegenüber dem gedruckten Wort, dann wäre viel geholfen.

Vokabeln und Redensarten

Zugunsten einer vertieften Sachkunde zu Kunst, Presse und Fernsehen wird heute auf Vokabeln und Redensarten verzichtet. Hier sollte man sich ohnehin nicht mit Formulierungen und Argumenten aufhalten, sondern entschlossen handeln und Fakten schaffen.

Hinweise für die Praxis

Da es töricht und gefährlich ist, Zustände der Gesellschaft (und der Welt sowieso) in nichtkonservativer Weise zu verändern, müssen große Anstrengungen gemacht werden, die Meinungen der potentiellen Veränderer zu verändern oder zumindest zu neutralisieren. Presse und Fernsehen – im weitesten Sinn auch die Kunst – sind dabei die entscheidenden Instrumente.

Die Verantwortung für Mißstände oder andere Erscheinungen, die nicht zu unsern Absichten und nicht in unser Weltbild passen, sollte möglichst denen zugeschoben werden, die sie zur Sprache oder an die große Öffentlichkeit bringen: den Intellektuellen, den unbotmäßigen Redakteuren. Jeder Darstellung eines Mißstandes ist das Gebot der Versachlichung entgegenzuhalten.

Noch wichtiger ist die langfristige Arbeit: Der flächendeckende Sieg über die sich so nennenden «gesellschaftskritischen» Geister in den öffentlich-rechtlichen Anstalten a) durch Einfluß von oben, b) durch die Konkurrenz der Privaten. Beides kann sich nur im konservativen Sinn auswirken.

Wo das öffentlich-rechtliche Fernsehen und ein Teil der Presse sich vereinzelt noch nichtkonservativ oder antikonservativ gebärden, gibt es nur eins: Lassen Sie sich nichts gefallen, fackeln Sie nicht lange mit Argumenten, greifen Sie ein!

Was die Kunst angeht, so ist die Ausrufung der Postmoderne für unsere Interessen nicht zu unterschätzen. Aufklärung, humanitäres Pathos usw. sind für veraltet erklärt, linkes Gedankengut gilt als dogmatisch, vorgestrig usw. Alles ist möglich, also alles folgenlos.

Sogenannte kritische Kunst, also auch jeder Anspruch auf «Moderne» macht sich nur lächerlich. Denn eine Kultur, die sich in Kritik erschöpft, ist in sich ehrlos, unwahr und masochistisch.

Übungen

Übung 1:
a) Wie nennen Sie Fernsehsendungen, in denen vom konservativen Standpunkt abgewichen wird?
b) Was ist typisch für solche Sendungen?
c) Wer strahlt Sendungen mit politischer Schlagseite aus, wer nicht?

Übung 2: Was wird hergestellt, wenn nichtkonservative Moderatoren auf Druck der Wirtschaft ihren Platz räumen müssen, in einem Wort?
Oder?

Übung 3:
a) Wie formulieren Sie den Aufruf zum zensurierenden Eingreifen?
b) Wie nennen Sie diese Eingriffe?

Übung 4: Geben Sie sich nie mit dem Erreichten zufrieden!

Übung 5:
a) Was tun die andern häufig oder immer, wir aber nie?
b) Geben Sie auch hier die Hoffnung auf die Menschen nie auf!
Übung 6:
a) Formel für alle, die uns in Medien und Kunst nicht passen!
b) Was macht Intellektuelle so widerlich?

Merksätze

Wer die Bilder arrangiert, besitzt die Macht.

Freiheit, Einheit, Kultur ist der Berliner Dreiklang.

Ein reiches Kulturangebot zieht gute Leute ins Land, und das frommt Handel und Wandel.

Ohne Richard Wagner kein Tristan, ohne Goethe kein Faust, ohne Rembrandt keine Saskia, ohne Karl May kein Winnetou.

Erstaunlicherweise hat Propaganda heutzutage bei geschickter Nutzung der modernen Mittel – vom technischen des Fernsehens noch ganz abgesehen – sogar bessere Wirkungsmöglichkeiten als früher. Goebbels müßte umlernen.

SPRACHE UND BILDUNG

Lesetext 1: Der Erwerb der Sprache ist ein sich über das ganze Leben eines Menschen hinziehender Prozeß... Das Gefühl für Sprache... ist nicht seelische Regung wie Gefühl der Liebe, Gefühl des Leids, der Freude oder der Angst. Es ist auch nicht sinnliche Wahrnehmung, die etwa mit dem Gefühl der Wärme, der Kälte oder des Schmerzes zu vergleichen wäre... Der einzelne muß in allen Lebensaltern an sich arbeiten, muß Bewußtsein für seine Muttersprache und deren rechten Gebrauch entwickeln und verfeinern.

Lesetext 2: ... spielt auch ein pädagogischer Eifer mit, es werde dem Nachdenken der Deutschen über die Hitler-Zeit schaden, wenn deren Verbrechen nicht länger als einzigartig in das Bewußtsein der Nation eingebrannt würden. Fürsorgliche politische Lehrer wollen verhindern, daß Hitler zu einer – «Figur der Geschichte» unter anderen Figuren werde. Von seiner Einzigartigkeit soll nichts ablenken dürfen.

Lesetext 3: Junge Leute werden um so stärker der Wirklichkeit entfremdet, je länger sie zur Schule und zur Hochschule gehen. Man lernt dort, Fragen zu stellen, aber nicht (oder nur selten), Antworten zu finden. Die grüne Kultur ist eine «Nur-Frage-Kultur».

Sachkunde: Unsere Sprache

Was ist los mit der deutschen Sprache?

Sprachgefühl... ist die Instanz im Menschen, die ihn dazu befähigt, aus dem Vollbesitz seiner Sprache unreflektiert über «falschen/richtigen» Sprachgebrauch zu urteilen und über «guten/schlechten» Sprachgebrauch zu richten, zu werten.

Dem fünf Jahrhunderte währenden Eintauchen in die sprachliche Welt der Romania folgte nach dem letzten Krieg das bereitwillige Zurückweichen vor dem um sich greifenden, machtpolitische Aspekte nicht entbehrenden Anspruch der angloamerikanischen Sprache. Die Förderung des Gebrauchs der deutschen Sprache muß also von innen heraus und bei jedem einzelnen beginnen.

Daß in beiden noch immer streng voneinander geschiedenen Staaten Deutsche leben, läßt sich am einfachsten an dem ihnen gemeinsamen Band der Sprache erkennen. Trägt aber nicht auch die deutsche Sprache den Keim der Spaltung in sich?

Ist diese Bereitwilligkeit, das eigene Sprach-Gewand abzustreifen und in ein anderes zu schlüpfen, auch eine der Ursachen für den Schwund der Kommunikation auf deutsch?

Modewörter mit geringer Ausdruckskraft, die ihre Rolle in der Gastgeber-Sprache im wesentlichen der Denkfaulheit und der Protzsucht verdanken, verdienen einen kühlen Empfang.

Das Bemühen um das zutreffende eigene Wort läßt nach, weil sich das fremde so vorgedrängt hat, daß es sogleich zur Hand ist. Das aber bedeutet nicht Bereicherung der eigenen Sprache, sondern Ersatz und Verstoßen ihrer Wörter.

Zu vielen «ung»-Wörtern ist Vertrauen nicht ratsam.

Von Zeit zu Zeit können Appelle zu mehr sprachlicher Zucht sogar geboten sein.

Vokabeln und Redensarten

Abitur Ist das deutsche Abitur bedroht?

Deutschunterricht Zu lange hat sich der Deutschunterricht am Trivialen orientiert. Auch hier ist eine Wende geboten.

– Die Kulturpolitiker der Länder könnten dazu beitragen, indem sie den Deutschunterricht behutsam in den Stand versetzten, den er hatte, bevor ihn kulturrevolutionäre Eiferer zur Systemveränderung mißbrauchten.

Deutschlehrer Wer hat eigentlich die Deutschlehrer ausgebildet, die ihren Schülern nicht beigebracht haben, wie man richtig schreibt?

Erziehungsideale Weil man sich in einer Gesellschaft schnellen Wandels auf inhaltsschwere Erziehungsideale kaum noch einigen kann, nehmen sie immer stärker formale Züge an. Aus einer Stärke (Wettbewerb in Freiheit) kann so eine Schwäche werden (Werte-Neutralisierung bis hin zur Enthaltsamkeit). In dieser Situation wird die Individualität oft zum einzigen Wert übersteigert.

Erziehung zu Demokraten Am wichtigsten ist, daß die (in der Nazi-Zeit belasteten) Älteren die Erziehung der Jüngeren zu Demokraten nicht behindert, sondern in der Regel gefördert haben. Die unter freundlichen Bedingungen aufgewachsene Jugend sollte sich jedoch nicht einbilden, sie sei gegen Fehler immun.

Forschung Was fehlt, sind Fleiß und Ideen. Statt dessen haben wir ein Übermaß an Mittelmaß.

Freiraum In einigen Bundesländern sind viele Schulen zu einem Freiraum für marxistische Indoktrinationen der Kinder geworden.

Geist Aber sind nicht an vielen Schulen die Lehrpläne so überfrachtet und gleichzeitig so verzettelt, daß es gar nicht zur Begegnung mit dem Geiste kommt? Und käme es dazu – wären dem alle Schüler gewachsen?

Geisteswissenschaftler Viele Geisteswissenschaftler (drängen sich) mit ihren Urteilen über Themen und Folgen naturwissenschaftlicher Forschung ohne Hemmungen auf.

Genies Die Welt ist vermutlich voller Genies, auch unter den Milliarden in der Dritten Welt. Leider ist für viele von ihnen die nächste Schule ein paar Meilen entfernt und zu schlecht ausgestattet.

Grundwissen, ökonomisches Was in vielen Schulen an ökonomischem Grundwissen vermittelt wird, ist an Wirklichkeitsferne und ideologischer Einseitigkeit kaum zu überbieten.

Gymnasium ist eine Schulart, die vorwiegend den Verstand bildet.

Hausaufgaben Schon jetzt müssen viele Schüler länger im Unterricht und an den Hausaufgaben arbeiten als ihre Väter im Beruf. Die Wohlstandsgesellschaft stellt auch dieses Verhältnis auf den Kopf.

Kampfwort «Ausbildungskatastrophe»

Konzept Dem Pathos der Gesellschaftsveränderer hätten die Liberalen und die Konservativen ein Konzept entgegenzusetzen, das den Interessenausgleich nach Regeln und die kompromißbereite Bewältigung praktischer Aufgaben anstrebte: Verständigungsgemeinschaft statt Klassenkampf.

Lehrer Aber nun weiß jedes Kind, daß es Lehrer gibt, die sich Mühe geben bis zur Erschöpfung, und andere, die sich einen guten Tag machen.

Lernen Den Ausgangspunkt des Lernens (bei marxistisch geschulten Lehrern) bildet die moralische Entrüstung und «Empörung» über vermeintliche oder tatsächliche Mißstände.

Revolution Die Vorliebe vieler Lehrer für die eingehende Behandlung von Revolutionen rührt ebenfalls daher, daß revolutionäre Veränderungen bestehender Verhältnisse für die Schüler «erfahrbar» gemacht werden sollen.

Rückkehr Sinnvoller als eine radikale Reform (der Rechtschreibung) wäre die Rückkehr zu dem Niveau der Didaktik und Methodik des Lesens, Schreibens und Rechnens, das die Volksschullehrer früher erreichten.

Schule kann immer nur Schulbildung bieten.

Schulen, solide *nur unter CDU-Regierung denkbar.*

Schulfanatiker in Nordrhein-Westfalen, die eine Gesamtschulkampagne eröffnen.

Schulwahl Die Befreiung des einzelnen aus der zentralen Steuerung wird mit Hilfe der freien Schulwahl für seine Kinder vorangetrieben. (In England)

Sinn- und Wertfragen Einig sind sich alle, daß Sinn- und Wertfragen auch in der Schule lebhafter erörtert werden müssen, wenn die Jugendlichen die Gefahren meistern sollen, die sie überall bedrohen ... Ohne die Diskussion über die Sinnfragen würden die Schulen sich zu Wissensmühlen verengen.

Unzufriedenheit Wer die Schulen und die Hochschulen liebt, wird nie zufrieden sein mit dem, was Politiker für die Bildung auszugeben bereit sind.

Wissen und Macht Wissen ist Macht, sagt der Volksmund. Aber wem hat das schon geholfen? Man muß also wohl etwas vorher, etwas zuerst wissen, wenn man zur Macht gelangen will ... Nur das Wissen, welches Wissen gerade günstig zitiert werden könnte, ist Macht.

Hinweise für die Praxis

Was Bildung ist, wissen Konservative am besten. Deshalb muß es uns vorbehalten sein, die Lehrpläne zu diktieren und den intellektuellen Wildwuchs an den Universitäten zu beschneiden.

Allzu weitgehende Allgemeinbildung (speziell auf den unendlichen Gebieten der zumeist fruchtlosen Geisteswissenschaften) kann sich unsere Gesellschaft nicht leisten.

Mut zur Erziehung heißt: Die Tugenden der Anpassung und Unterordnung kombiniert mit Flexibilität sind wieder ins Recht zu setzen.

Der Spaß am Lernen und Fragen muß dann unterbunden werden, wenn Leistung gefragt ist. Was Leistung ist, bestimmt die Wirtschaft.

Grundsätzlich gilt: Es zählt allein, was die Schüler und Studenten lernen, nicht wie sie lernen.

Mut zur Erziehung heißt: Abkehr vom Kult der Mittelmäßigkeit, statt dessen bewußte Auslese durch die Konkurrenz von Eliten.

Da Konservative an fast allen Schaltstellen der Bildungspolitik (wieder) die Richtlinien vorgeben, kann endlich der Entwicklung der deutschen Sprache größere Aufmerksamkeit gewidmet werden. Sprachgefühl und Sprachbenutzung sind – das darf hier selbstkritisch gesagt werden – auch unter Konservativen zu verfeinern.

Übungen

Übung 1: *Grenzen Sie die neu gegründeten Universitäten von den Traditions-Universitäten mit einem Negativbegriff ab!*
Übung 2:
a) Übertragen Sie das Böse-Gut-Schema auf den Bildungsbereich!
b) Wer siegt, wenn die CDU siegt?
Übung 3: *Was ist die Zielsetzung der emanzipatorischen Bildungspolitiker?*

Übung 4: *Versuchen Sie, Korrekturen der Schulpolitik wie die Auflösung des Faches «Gesellschaftslehre» im konservativen Sinn auszudrücken!*

a) mit drei Worten!

b) in einem Wort!

Übung 5: *Was sollen Lehrer, die nicht unserer politischen Meinung sind?*

Übung 6: *Finden Sie ein zeitgemäßes Beispiel für die Formel: Es geht uns schlecht, weil es uns zu gut geht!*

Merksätze

Mit der Erziehung haben wir, so scheint es, immer noch unsere Schwierigkeiten.

Nur wer über einen unverderblichen Vorrat an Grundkenntnissen verfügt, wird auch mit jedem Wandel fertig.

Dünnbrettbohren (führt nicht) zur allgemeinen Bildung.

Fremdwörter sind Einfuhrgüter im Welthandel mit Ideen.

Aber oft fängt Bildung nach der Schule erst richtig an.

9. TAG
DIE KIRCHE,
DAS ÜBERSINNLICHE

Lesetext 1: Seit einem Vierteljahrhundert wächst in der Bevölkerung das Bedürfnis nach dem, was jenseits des Berechenbaren, des Machbaren dem Leben Halt gibt. Gesucht sind Werte, das Transzendente, der Sinn.

Lesetext 2: ...wie tief sich das Oberhaupt der Weltkirche in die deutsche Innenpolitik mit der Feststellung einläßt, Arbeitslosigkeit werde zum Skandal, «wenn die vorhandene Arbeit nicht gerecht verteilt und der Ertrag der Arbeit nicht dazu verwandt wird, neue Arbeit für möglichst alle zu schaffen». Das ist eine Aussage von zweifelhaftem ökonomischen Wert, die zudem noch als Einmischung in den Verteilungskampf aufgefaßt werden kann. Das Gebot «Ora et labora» – bete und arbeite – kann auch als Motto für eine sinnvolle Arbeitsteilung weltlicher und kirchlicher Instanzen aufgefaßt werden. Die Autorität des Papstes liegt im Gebet.

Lesetext 3: Sie (die Kirchen) haben, zumal die evangelische, ...mit Talaren und sogar gottesdienstlichen Handlungen manchen Arglosen für Rechtsbruch ein gutes Gewissen gemacht. Darauf haben andere nur gewartet.

Sachkunde

Entfällt, da es hier um den rechten Glauben, *nicht um* das rechte Handeln geht.

Vokabeln und Redensarten

Antrieb, religiöser   Aufbrechen des religiösen Antriebs (seit einem Vierteljahrhundert).

Bannfluch   (der Kirche) wird gegen eine Ordnung geschleudert, die in der westlichen Welt die ökonomische Leistungskraft so vermehrt hat, daß...

Bauern   Allen Veränderungen zum Trotz stehen die Bauern fest in der Kirche.

Damals   (als Cervantes fünf Jahre in den Händen algerischer Entführer war) waren auch die Christen nicht zimperlich in der Wahl ihrer Mittel.

Dialog   Der Dialog (zwischen den armen und reichen Ländern), auf den die Kirche pocht, findet längst statt.

Frieden   An Erklärungen über Frieden und an politischen Friedensaktionen fehlt es in den Kirchen nicht.

Gläubige   Die Gläubigen sind zwar das Volk Gottes, doch sie herrschen nicht.

Gorbatschow   Noch weiß niemand, wie Gorbatschow es mit der Religion halten will.

Grüne   Sollen die Grünen etwa die Verbündeten der katholischen Amtskirche sein?

Islam   Auch dem Islam ist das Leben heilig.
   – Tatsächlich kann man den Islam als kulturelles «Gesamtkunstwerk» betrachten.

Kultur   Wer unsere Kultur verstehen will, muß sich mit dem Christentum beschäftigen, ob er nun gläubig ist oder nicht.

Lust, böse   Aids ist kein Grund für die Kirchen, selbstgefällig zu sagen, daß sie schon immer Zucht und Maß im Umgang mit der Sexualität gepredigt haben. In den Kirchen hat man an die «böse Lust» zu viele Gedanken gewendet.

Mäßigung, politische   welche die Nächstenliebe wie die kirchlichen Gesetze gebieten.

Mißbrauch der Gläubigen Die Kirche… darf nicht die Gläubigen… dadurch mißbrauchen, daß sie in fataler Unkenntnis über Zusammenhänge der Wirtschaft Verdikte ausspricht, die sie nicht belegen kann, weil sie sich nicht belegen lassen.

Moral, die Einer säkularisierten Welt, die ihren Lauf ohne die Autorität der Kirche nehmen will, hält er (der Papst) «die Moral» entgegen, christliche Wahrheiten über den Menschen, die in der katholischen Tradition wurzeln.

Morallehre Allzu viele – ob es schon die meisten sind, weiß man nicht – folgen nicht mehr der Morallehre der Kirche und sind auch nicht durch Appelle dazu zu bewegen.

Pfarrer Was Pfarrer tun, geschieht vor aller Augen.

Priester, verwirrte des Antikapitalismus.

Prüfung Die Prüfung für den polnischen Katholizismus mag erst noch kommen – wenn eines Tages die als Lebenspraxis verkleideten Ideologien, die heute die Gotteshäuser in München, Wien und Rom immer leerer werden lassen, sich auch in Polen ausbreiten.

Radikalismus Die ev. Kirche… hat… erfahren, wie tief sie in den Konflikt hineingezogen wird, der sich an ökologischem und sozialistischem Radikalismus entzündet.

Show-Talente des Karol Wojtila, (trotzdem) darf man nicht übersehen, daß dieser «Schauspieler Gottes» einen Text hat, der der Beachtung wert ist.

Staat Daß der Staat sich an evangelische Gemeinden eher herantraut als an katholische, ist eine alte Erfahrung.

Sünder Einzelne Pastoren tanzen aus der Reihe. Das ist ganz gut, denn es zeigt, daß auch Pfarrer Sünder sind.

Wandel Die Kirche wandelt sich überall zur Genüge, und die Aufgaben des Christen in der Welt wachsen schneller, als sie je erfüllt werden können. Wer jetzt nur diskutiert und nicht handelt, wird das Wichtigere versäumen.

Weihnachtsgeschichte Die Weihnachtsgeschichte ist die vertrauteste Erzählung der Bibel.

Werte Die Kirche hält daran fest, daß es Werte gibt, die dem eingreifenden Belieben entzogen sein müssen.

Widerspruch Dennoch bleibt die katholische Kirche mit einigen Geboten ihrer Moral und Disziplin ein «Zeichen des Widerspruchs» gegen den Zeitgeist.

Wirklichkeit Die Kirche ignoriert gerade nicht die Wirklichkeit, sondern will helfen, sie umfassend wahrzunehmen.

Wunder Ob ein Christ an ein Wunder glaubt, ist seine Sache. Religionsfreiheit umfaßt auch das Recht, ungehindert und ohne nachteilige Folgen an den Ort einer angeblichen Marienerscheinung zu pilgern.

Hinweise für die Praxis

Auch die progressivsten Konservativen, die ohne Glauben und fast ohne Werte auskommen, müssen begreifen:
Die Religion wird immer noch gebraucht. Es muß eine ordnende und entlastende Größe geben, die angesichts des zuweilen beängstigenden, unüberschaubaren Zustands der Welt und des persönlichen Unglücks so etwas wie eine Orientierung und Stabilisierung des Daseins bieten kann. Die bindenden Werte, die vor allem die christlichen Religionen vermitteln, fügen sich harmonisch in das konservative Wertesystem.
Auch wenn die traditionellen religiösen Weltbilder nicht mehr stimmen, muß eines festgehalten werden:
Alles Religiöse, wenn es nur richtig zelebriert wird, tröstet. Und der Tröstungs-Bedarf wird auch in der konservativen Gesellschaft keineswegs schwinden.
Wenn aber die Kirchen aus ihrer Rolle fallen und nach Ursachen von

Zuständen fragen, die Trost erforderlich machen, ist entschieden zu widersprechen. Hier darf es keine Toleranz, keine Nachlässigkeit geben. Die Kirchen haben sich aus Politik und Wirtschaft herauszuhalten.

Übungen

Übung 1: *Verurteilen Sie jede Art politischer Artikulation von Kirchenleuten!*

Übung 2: *Werfen Sie christlichen Stimmen, die sich wirtschaftspolitische Äußerungen anmaßen, stets boshafte Inkompetenz vor!*

Übung 3: *Was ist der Unterschied zwischen der Kirche im Westen und der im Osten?*

Übung 4: *Üben Sie Übertreibungen! Stellen Sie die Kündigung eines Kontos bei der führenden deutschen Bank als Katastrophe hin!*

Übung 5: *Die Kirche soll tätig sein, sich nicht mit Nebensächlichkeiten aufhalten!*

Übung 6: *Formulieren Sie diskret, daß, im Zweifel, hin und wieder doch die Juden nicht unschuldig sind!*

Merksätze

Wie gewohnt sucht man an den Feiertagen die Kirche auf ...

In der evangelischen Kirche darf es nicht so weitergehen wie bisher.

Die Rückgewinnung der Bibel und ihrer Sprache ist für den Protestantismus eine Frage von Sein oder Nichtsein.

Die katholische Kirche hat viele Gesichter. Was für die einen noch problematisch ist, beachten die andern nur noch am Rand.

Das Herz der Kirche schlägt im Gottesdienst.

10. T A G
DER FORTSCHRITT
UND DER ZEITGEIST

Lesetext 1: (Der deutsche Autofahrer) hörte es zunehmend gern, wenn man ihm bestätigte, er sei überreglementiert, von zuviel Bestimmungen eingeengt. Mußte er sich das gefallen lassen? Der Zeitgeist antwortete: nein.

Lesetext 2: Der wirkliche Wandel kommt auf leisen Sohlen: unbemerkt, aber um so nachdrücklicher. In einer schnellebigen Zeit konzentriert sich unser aller Aktualitätssinn auf das, was morgen oder übermorgen geschieht. Für längerfristige Entwicklungen fehlt das Gespür.

Lesetext 3: Wie die Notdurft, so ist das übrige Sichentledigen Alltagsgeschäft. Das lockere Hinwegsehen ist weder großzügig noch menschenfreundlich, denn es geht nicht nur um den Schein, sondern auch um das Sein, also um Rechte und materielle Werte ... Leicht geht da die Mißachtung der Ordnung mit der Mißachtung des Eigentums anderer einher. Dabei handelt es sich nicht um Fahrlässigkeiten, die bei Kindern üblich und gegen die auch Erwachsene nicht gefeit sind, sondern um Mutwilligkeiten, angefangen beim Einschlagen von Fensterscheiben und Herumkratzen an Autos, Zerstören von Verkehrsschildern bis hin zum Beschmieren öffentlicher Gebäude. Rascher wird derlei zu Kunst heraufgeredet, als daß jemand fragte, ob der Eigentümer dies erlaubt habe. So steigen die Schwellen des Innehaltens immer höher, und das Erstaunliche ist nicht, daß die einen verlogene Begründungen nachschieben der Art: «Macht kaputt, was euch kaputtmacht!», sondern daß die anderen sich bequemen, es zu dulden.

Sachkunde:
Fluch und Segen des technischen Fortschritts

Modernisierung ist ein Prozeß, der zunächst einmal Ungleichheit schafft.

Es gehört auch zum technischen Fortschritt, daß der Benutzer von Massenprodukten nicht mehr wissen muß, wie und warum die Geräte funktionieren.

Der lauernde Blick zum Konkurrenten ... ist Kennzeichen eines freien Markts und Garantie für eine angemessen rasche Gangart des technischen Fortschritts.

Aber allmählich ist der Kauf eines Klaviers rascher abzuwickeln als der Erwerb einer gewöhnlichen Fahrkarte zu einem gewöhnlichen Zielort.

Die Supermärkte halten ständig eine Fülle von Eßwaren parat, die sich früher nur in der Speisekammer von Millionären fanden.

Telefonanrufe sind zu unverbindlich und zu vergänglich.

Die regelmäßige Störfall-Meldung aus einem Kernkraftwerk ist in Mode gekommen.

Die Steigerung des Tempos durch die moderne Technik hat den Menschen nicht mehr Zeit geschenkt, sondern Zeit gestohlen, ihnen die Muße genommen, mehr Termine statt mehr Zeit gebracht, «moderne Kommunikationstechnologie» statt Kommunikation.

Vokabeln und Redensarten

Altes Das neue Alte ist also, so widersprüchlich dies auch klingen mag, eine Gefahr für den Bestand des echten Alten.

Beharrungskraft die in dem Satz liegt, daß es leichter ist, alles zu lassen, wie es ist, als etwas zu erneuern.

Bewußtsein, gespaltenes ist das Merkmal der Postmoderne. Eine merkwürdige Kluft tut sich auf zwischen den Forderungen an anonyme Mächte und der Nonchalance gegenüber dem eigenen Tun und persönlich bekannten, faßbaren Tätern.

Gemeinwohl Von öffentlichem Interesse oder vom Gemeinwohl zu sprechen wirkt unzeitgemäß.

Häuser, alte Auf wundersame Weise vermehrt sich, was eigentlich gar nicht vermehrt werden kann: alte Häuser.

Heinzelmännchen Elektronische Heinzelmännchen, genannt Chips.

Herr Der Herr Computer.

Höflichkeit Die ungeduldigen Reisenden ... werden mit neuerdings eingeübter vereister Höflichkeit informiert ... «Wir bitten um Ihr Verständnis». Ein Fortschritt?

Ideale, alte geraten auch an deutschen Kleiderhaken ins Rutschen.

kompliziert Wer in der heutigen Zeit, da sich alle Formen des Lebens und Wirtschaftens so überaus kompliziert haben, glaubt, sich auf sich selbst verlassen zu können, ist bald verlassen genug.

Lässigkeit Erst die Verächtlichmachung der bürgerlichen Gesellschaft kehrte die Tendenz um: die eigene Nachlässigkeit stieg parallel zu den Forderungen an die Präzision der anderen ... Der Weg von der Oberflächlichkeit bis zur Mißachtung der Rechte anderer ist kurz. Unbekümmertheit ist keine Tugend, sondern bisweilen eine besondere Form der Kriminalität. Lässigkeit schlägt rasch in Lästigkeit um, und wer sich das Recht nimmt, hat es meist einem anderen genommen.

Mode Eine Rüsche zuviel, eine Handbreit zu lang – und schon bringt sich eine Mode um den Erfolg.

Neuere Das Neuere (überholt) das Neue so schnell, daß es den Menschen den Atem verschlägt.

Profil, niedriges Sich anzupassen, Hoffnungen zu nähren, Programm durch Zeitgeist zu ersetzen und insgesamt ein niedriges Profil zu pflegen ist eine Strategie, die naturgemäß die Opposition begünstigt.

Reich der Interessenten Laut, zäh und unerbittlich nach immer mehr zu verlangen, das ist der Daseinszweck von Interessenten.

Schaubühne für Gesetzesverdrossenheit So wurde die Straße zur offenen Schaubühne für Gesetzesverdrossenheit, die allerdings weit über sie hinausgreift.

Spitze F. J. S. hat diesen Widerspruch anschaulich formuliert, als er den Willen, sich an die Spitze des Fortschritts zu stellen, als eine spezifisch konservative Tugend pries.

Sport Die Revolution frißt ihre Kinder. Frißt die Perfektion im Sport die ihrigen? ... Perfektion ruiniert jede klassische Sportart. Es gibt offenbar einen Punkt, da sich der Erfolg gegen den Erfolg wendet.

Strom der Zeit Man kann nicht dauerhaft gegen den Strom der Zeit regieren, sondern muß sich mit ihr auseinandersetzen.

Tempo Beängstigend mag manchem allerdings das schnelle Tempo der Veränderungen erscheinen. Auch Marktvorgänge scheinen mit Computergeschwindigkeit abzulaufen.

Uhren Noch keiner Generation gelang es, die Uhren anzuhalten. Den Aufbrüchen der vierziger Jahre folgten die Umbrüche der sechziger ... und neue Aufbrüche begannen – und niemand weiß, wohin.

Weihnachten Vieles, was früher zu Weihnachten gekauft wurde, erwerben die Wohlstandsbürger heute gewissermaßen nebenbei.

Wunschzettel Es weihnachtet jetzt wirklich unübersehbar. Auf Vaters häuslichem Schreibtisch liegen abends, als er nach Hause kommt, die Wunschzettel der lieben Kleinen. Wie schön, daß es so etwas Altmodisches noch gibt.

Zeit, freie Dafür gibt es heute auch zu viel freie Zeit und zu viel Gelegenheit, über das Essen nachzudenken.

Zeitgeist Er (der Minister) habe aber, der Zeitgeist läßt grüßen, bei alledem seine Skrupel und sei bereit, sich zu korrigieren.

– Daß Marktwirtschaft, Solidarität und Liberalismus mehr sind als Wörter, die je nach Wunsch und Zeitgeist ihren Inhalt wechseln, ist ihnen (bestimmten Marktwirtschaftlern) unverständlich.

– Daß auch der postmoderne Zeitgeist unserer Tage, der sich spielerisch dem Alten zuwendet, nicht zu mehr Rücksichtnahme auf das Überlieferte führt, lehrt die alltägliche Erfahrung.

Zeitgeist, Kinder des Als Kinder des Zeitgeistes, von dem niemand weiß, woher er weht, sind sie (die Modewörter) eines Tages einfach da, verbreiten sich wie eine Seuche.

Hinweise für die Praxis

Stimmen Sie dem technischen Fortschritt im großen und ganzen zu und kritisieren Sie ihn im kleinen! Beides kostet nichts.

Stellen Sie aber niemals einen Zusammenhang her zwischen dem Fortschritt und seinen Auswirkungen auf die Gesellschaft (Sachzwänge ökonomischer und verwaltungstechnischer Art), also auch auf das, was die Leute denken!

Alles, was die andern denken und tun und was von konservativen Prinzipien abweicht, ist «Zeitgeist».

Es ist der modische Geist der Gleichmacherei, der Masse bzw. all derer, die nicht langfristig zu denken vermögen.

Heben Sie sich stets vom «Zeitgeist», also von der Masse, ab und etikettieren Sie, was Ihnen in Politik und Gesellschaft nicht paßt, als «Zeitgeist»! So beweisen Sie geistige Führung. So beweisen Sie, daß Ihre Interessen interesselos sind, Ihr Blick überparteilich, Ihr Geist zeitlos ist.

Übungen

Übung 1: *Stellen Sie sich nicht bloß mit einer Formulierung wie «die gute alte Zeit»! Was sagen Sie statt dessen?*

Übung 2: *Wer oder was ist letztlich verantwortlich für die allgemeine Kurzsichtigkeit?*

Übung 3:
a) Was steckt hinter dem Zeitgeist?
b) Werden Sie nicht müde, gerade bei angeblich konservativen Politikern die Infizierung durch den Zeitgeist zu diagnostizieren!

Übung 4: *Zeigen Sie auf, wie alles mit allem zusammenhängt, etwa Gleichmacherei und Staatsfeindlichkeit durch Geschwindigkeitsbeschränkungen auf Autobahnen!*

Übung 5: *Zeigen Sie hin und wieder, daß Sie, in wirtschaftlichen Belangen, keineswegs konservativ sind!*

Übung 6: *Konservativ sein, heißt: flexibel sein. Aber legen Sie sich niemals fest, was Sie bewahren wollen und was nicht!*

Merksätze

Nicht ungestraft bricht man mit langjährigen Gewohnheiten.

Es ist unerläßlich, den modischen «Trends» zu widerstehen.

Die Freiheit auf den Straßen liegt in weiter Ferne.

Jede Zeit braucht die Beispiele, die ausstrahlen.

Wir können die Zeit nicht zurückdrehen.

11. T A G

DEUTSCHER CHARAKTER UND DEUTSCHE NATION

Lesetext 1: «Der Deutsche hat den Affen erfunden» – in dieses Wort faßten früher (und fassen vielleicht heute noch manchmal) Russen ihren etwas von Gruseln untermischten Respekt vor dem Volk in der Mitte Europas zusammen: die erfinden und entdecken einfach alles; wahre Teufelskerle sind sie. Nun, nach der Landung des jungen Fliegers M. R. auf dem Roten Platz in Moskau, mag mancher Russe wiederum von den deutschen Teufelskerlen reden.

Lesetext 2: Über ihre Schuld und ihre Verantwortung dürfen und wollen sich die Deutschen nicht hinwegtäuschen. Aber es wäre auch falsch, ihnen die Suche nach einer Identität zu verwehren, ihnen jedes Selbstbewußtsein zu nehmen. Je unsicherer, desto leichter manipulierbar.

Lesetext 3: Die Bundesrepublik ist das am stärksten regulierte Land unter allen Industrienationen … Die Willensbildung ist ungewöhnlich kompliziert, aufwendig, langsam, ja mühselig. Wie sollen da «Pionier-Unternehmer» groß werden?

Sachkunde: Die geteilte Nation

Der Versuch ist gescheitert, eine Nation wie mit dem Seziermesser zu trennen und als ein Modell im Kleinen eine Stadt.

Wäre der Kanzler vom Holze des alten Cato, begänne und schlösse er jeden Bericht zur Lage der Nation mit dem Satz: «Im übrigen bin ich der Meinung, daß die Mauer zerstört und Deutschland vereinigt werden muß.»

Die Anomalie der Berliner Mauer und der Teilung der Deutschen wird nicht dadurch normal, daß man sie dazu erklärt.

Die sonst unberührte Landschaft in der DDR.

Auf den Autobahnen sind sie jeden Tag in der großen Zahl zu sehen, die Lastkraftwagen der Firma «Deutrans» aus der DDR ... Zufall ist es wohl nicht, wenn «Deutrans»-Fahrzeuge tagelang mit Pannen festliegen in Gebieten, in denen gerade militärische Übungen abgehalten werden, oder wenn antennengeschmückte Kähne die Wasserstraßen der Bundesrepublik benutzen.

So können noch so wünschenswerte Begegnungen zur Bestätigung einer Trennung der Nation werden, die sich im Gewand verschiedener Staaten spröde begegnet.

(Beim Honecker-Besuch) wird der Zweistaatlichkeit ein veritables Denkmal gesetzt und auf das Verfassungsziel «Einheit der Nation» eine hübsch polierte Grabplatte geschoben.

Es ist normal, einen Stich im Herzen zu fühlen, wenn der Staatsratsvorsitzende des kommunistischen Staates in Deutschland hier aus dem Flugzeug steigt und mit prunkendem Zeremoniell empfangen wird. Wer – außer Kommunisten – Genugtuung darüber empfindet oder auch nur glaubhaft macht, daß es nun endlich soweit sei, streift schon fast die Grenze zum Perversen.

In den Honecker-Tagen ist viel rheinab gegangen. Aber alles fahren zu lassen ist nicht nötig. Der zähe Wille zur Einheit Deutschlands und zur Selbstbestimmung des deutschen Volkes muß bleiben.

Der Kanzler wuchs diesmal über sich hinaus. Schon im dritten Satz brachte er die Deutschen in Stralsund und Konstanz, in Flensburg, Dresden und Berlin so zusammen, wie sie zusammengehören.

Am ehesten noch mag eine Neuordnung der deutschen Gegebenheiten, die eine Verbindung oder ein Zusammenwachsen der beiden Staaten einschlösse, der Sowjetunion einen Verzicht auf «Sozialismus» in der DDR erträglich erscheinen lassen.

Ist letzter Zufluchtsort Gesamtdeutschlands die Todesanzeige?

Vokabeln und Redensarten

Angst   Die Angst der Deutschen vor der Inflation ist nicht neurotisch ...

Bestimmung   Die deutsche Ortsbestimmung war immer abhängig vom europäischen System und von dem Bild, das sich die Deutschen darin von ihrer Bestimmung machten.

Berlin   Wie unter einem Vergrößerungsglas wird in Berlin der schmerzliche Abstand zwischen Ideal und Wirklichkeit sichtbar.
  – ist als eine alte Stadt eine Stadt von heute. Sie hat die Liebe der Deutschen.

«Bewegungs»-Demokratie   Während die Bundesrepublik sich in den vergangenen Jahren immer stärker zur «Bewegungs»-Demokratie entwickelt hat ...

Biedermeier   So überwiegt doch im trauten Biedermeier deutscher Nabelschau der Eindruck kleinlicher Ausgewogenheit von Gruppenansprüchen in einer Bundesrepublik des Kindergeldes, der Freibeträge und Sonderabschreibungen.

Bundesrepublik   war das Werk alter Männer.

Deutsche, echte   Daß auch nicht alle angeblichen Deutschen aus dem heutigen Polen ganz echt sind, konnte man sich denken, wobei die Grenze zwischen echt und unecht gerecht zu ziehen oft schwer ist.

Deutsche, fortpflanzungsunwillige   Ständiges Wehklagen über die nicht mehr so fortpflanzungswilligen Deutschen, besonders über die in der Bundesrepublik, hilft nicht weiter.

«**Deutschland vor – noch ein Tor!**» war oft ein deutsches Selbsttor.

«**Deutschland», Begriff** Der Politikbegriff der Bundesrepublik vereinnahmt den Begriff «deutsch» und «Deutschland» in seiner Verengung, vor allem in Wahlkämpfen.

Dreh- und Angelpunkt Wo Deutschland liegt, da ist noch immer der Dreh- und Angelpunkt des nuklearen und bipolaren Weltsystems.

Einheit Selbst wenn es so gewesen wäre, daß die deutsche Einheit der Welt zum Unglück geriet, so ist noch nicht ausgemacht, daß die deutsche Teilung ihr zum dauerhaften Glück gereicht.

– Die Bekundung, ein für allemal auf die Einheit zu verzichten, wäre ein Akt der Selbstverleugnung, nicht aber der Friedenssicherung.

Erinnerungen Kaum je noch gibt es Erinnerungen an den östlichen Teil des deutschen Reiches, das nach bisher nicht aufgegebener Ansicht im völkerrechtlichen Sinne fortbesteht.

Frage, deutsche Die deutsche Frage trägt von jeher einen falschen Namen: Eigentum der Deutschen war sie nie.

Frührentner Die Deutschen werden zunehmend zu einem Volk von Frührentnern, obwohl die Arbeitsbelastung durch den Beruf erheblich gesunken ist.

Fürwörter für die Deutschen hüben und drüben gelten hinfort auch bei Kommunisten die persönlichen Fürwörter «wir», «unser», uns».

Intimsphäre Von «selbsteigner Pein» im Verhältnis zu Deutschland zu reden ist seit 1945 unter Deutschen nicht üblich; es gehört zur Intimsphäre.

Karte, deutsche Seitdem im Kreml ein Generalsekretär regiert, dem alle alles zutrauen – also auch die deutsche Karte zu spielen –, könnte die offene deutsche Frage über Nacht ihre Offenheit auf bestürzende Art beweisen... Über Deutschland muß nun wirklich nachgedacht werden – ruhig, aber bald.

Katastrophen Die geographische Gestalt der Bundesrepublik zeigt, daß sie aus Katastrophen entstand. In den Seelenwelten der Deutschen beben diese Katastrophen noch lange nach.

national Die Reduzierung des Begriffs national auf das Geographisch-Staatliche zeigt nicht nur Fahrlässigkeit des Sprachgebrauches.

Nation eine sacht verschwimmende Nation.

Potential, militärisches Nur auf Deutschland kann und wird künftig militärisches Potential von außen einwirken.

Rationalität Die Rationalität des parlamentarischen Systems... stößt auf die Sehnsucht nach politischer Romantik, zumal in Deutschland.

Reich, deutsches Die meisten haben das deutliche Gefühl, daß da nicht nur etwas war (das Deutsche Reich), sondern etwas ist und bleibt – gleichgültig, ob sich manche Leute, um es zu bestreiten, auf den Kopf stellen oder platt auf den Bauch legen.

Schlemmer und Schlummer Auch die zahlreichen Schlemmer- und Schlummeratlanten, selbst «deutsche» Kunstführer in der Bundesrepublik grenzen das Wort «deutsch» auf die Bundesrepublik ein und grenzen damit die Deutschen in der DDR aus. Sie spalten damit das Bewußtsein von der Gemeinsamkeit im Kern... Wenn also jemand, der «deutsch» ist, nicht mehr «deutsch» genannt wird, dann ist das eine tiefere Spaltung, als sie die staatlichen Spalter anzurichten vermögen.

Schlüssel Endlich stellt sich für die Deutschen die Frage, ob jener Schlüssel der deutschen Frage bewegt werden kann, der seit 1945 in Moskau liegt.

Schulmeisterliches Die Deutschen neigen dazu, stets «den anderen» als fehlbar und sich selbst als Maß der

Dinge zu sehen: Schulmeisterliches gehört zum Nationalcharakter. Das wirkt noch verstärkend auf die gegenwärtige Tendenz, den Staat und die von ihm erlassenen Regeln geringzuschätzen und sich dafür nach höchst privaten zu richten.

Spaltung Daß die deutsche Sprache der Spaltung alles in allem trotzt, ist nicht zuletzt ein Verdienst der Literatur und der «Medien».

Sparer Sind die Deutschen kein Volk von Sparern mehr?

Sparziel Die eigenen vier Wände sind in der Bundesrepublik noch immer das wichtigste Sparziel.

Staat, normaler Ist die Bundesrepublik... ein normaler Staat, oder ein Staatswesen, das sich ständig vornimmt, das Gegenteil des Hitler-Reiches sein zu müssen...?

Unheil, deutsches Von dem deutschen Unheil zeugen die Trümmer der Gedächtniskirche.

Verstrickungen Sicherlich haben die Verstrickungen in zwei Weltkriegen das Ansehen der Deutschen und ihrer Sprache nicht gefördert.

Vertriebene Auch die Vertriebenen versichern glaubhaft, einem «Revanchismus» huldigten sie nicht. Was wollte denn auch die friedliche, kleine Bundesrepublik «erobern»?

Volkskultur, deutsche (Beim Turnfest) ist für jedermann sichtbar auch ein Stück deutsche Volkskultur eine Woche lang in Wort und Tat gefeiert worden.

Wald Der Wald... ist Bestandteil des deutschen Bewußtseins. Wir «beseelen» ihn seit Jahrhunderten. Das ist eine seltsame Beziehung, die die Deutschen zum Wald haben, eine Mischung aus Inbrunst, bäuerlichem Wirklichkeitssinn, Mystik, gesangesfroher Lebensfreude und Nationalismus (dies auch).

Wälder Die Deutschen lieben ihre Wälder von Grund auf.

Währungstausch derartige Geschäfte zwischen Deutschen (sind) etwas Unanständiges.

Westdeutsche mit ihrem kurzen Gedächtnis.

Wiedervereinigung Wer sich der Wiedervereinigung Deutschlands entgegenstemmt, bleibt sichtbar als der Schuldige an dem, was Berlin als geteilte Stadt zu erleiden hat.

Wiedervereinigungs-Auftrag Dem Wiedervereinigungs-Auftrag des Grundgesetzes können sich die Deutschen nicht entziehen, ohne Schaden zu nehmen an ihrer Seele und an der Republik.

«Zusammenbruch» und Freiheit In den westlichen Besatzungszonen, in denen auf dem Wort «Befreiung» nicht bestanden wurde – es durfte «Zusammenbruch» und «Kapitulation» gesagt werden –, haben sich dagegen rasch Freiheiten entwickelt.

Hinweise für die Praxis

Deutschsein heute heißt: selbstkritisch sein, was das Deutschsein angeht. Deutsch ist zum Beispiel ein Schuld- und Verfolgungskomplex bei vielen Deutschen, die von der bösen Vergangenheit nicht loskommen oder diese gar in tagespolitische Auseinandersetzungen mengen.

Kritisieren Sie unbesorgt den deutschen Charakter, aber schreiben Sie die negativen deutschen Eigenschaften den anderen (nichtkonservativen) Deutschen zu!

Pochen Sie dennoch bei jeder Gelegenheit auf die nationale Identität der Deutschen, appellieren Sie unverdrossen an das Nationalbewußtsein, verurteilen Sie jeden anpasserischen Kleinmut in Sachen Wiedervereinigung!

In Fragen der deutschen Einheit sind nur Konservative kompetent, denn nur sie haben ein richtig dosiertes Nationalgefühl.

Kleiden Sie nationale Interessen ins Gewand europäischer Interessen!

Übungen

Übung 1: *Warnen Sie immer wieder vor den bösen Folgen der übertriebenen Erinnerung an die braune Vergangenheit!*

Übung 2: *Nutzen Sie die Vergangenheit als Argument gegen den Argwohn gegenüber dem heutigen Staat!*

Übung 3: *Schreiben Sie die negativen deutschen Charakterzüge stets dem politischen Gegner zu! Bitte ausführlich!*

Übung 4: *Was ist folglich vor allem bei Sozialdemokraten anzutreffen?*

Übung 5: *Lassen Sie nie locker, wenn es um die künftige Einheit geht!*

Übung 6: *Was sagen Sie anstelle von: «Wir sind nicht die Esel Europas!»?*

Merksätze

Alle Deutschen (sind) Bismarck-Deutsche – nicht Adenauer- oder Ulbricht-Deutsche und Kohl- oder Honecker-Deutsche.

Die deutschen Stärken in Wirtschaft, Finanzen und Technik können die deutschen Schwächen ausgleichen, die aus Geschichte und Geographie kommen.

Etwas stimmt nicht mit der Deutschlandpolitik des freien Deutschland.

Die Deutschen sterben entgegen allen anderslautenden Behauptungen nicht aus.

Im Land herrscht Wohlstand, und die Bevölkerung ist es zufrieden.

12. T A G

WIRTSCHAFT UND GESELLSCHAFT

Lesetext 1: Es gibt zwei Erzfeinde liberaler Wirtschaftspolitik: die Ideologie und den Populismus. Beide erscheinen im Tarnanzug; sie sind oft nur schwer zu erkennen. Die einen geben sich als die Verkünder der absoluten Wahrheit aus; die anderen gebärden sich als die Wohltäter des Volkes, die Geschenke nach allen Seiten verteilen. Doch Ideologien sind nur erstarrte und daher nicht mehr revidierbare Ideen. Und die Populisten sind verkleidete Opportunisten, die dem Volk in verhängnisvoller Art «aufs Maul schauen»; sie biedern sich mit Versprechungen aller Art dem Zeitgeist an und hoffen auf die Zustimmung von Bürgern und Wählern. In beiden Fällen wird früher oder später eine der freien Gesellschaft dienende Wirtschaft unmöglich.

Lesetext 2: Die Wachstumsrate einer ganzen Volkswirtschaft wird in der Fernsehnachricht von einer starren Graphik mit einem müde aufwärts deutenden Pfeil begleitet. Um die Meldung der geplanten Stillegung eines Betriebes aber ranken sich Filmaufnahmen von protestierenden Betriebsräten, ratlosen Familienmüttern und betenden Geistlichen beider großen Konfessionen.

Lesetext 3: Die Wirtschaft steht also zumindest jetzt noch nicht vor der Entscheidung, ob ihr der Spatz in der Hand lieber ist als die Taube auf dem Dach. Den Spatz wird sie allemal erhalten.

Sachkunde: Unsere Bauern

Der verwöhnteste Wirtschaftszweig, der die höchsten Subventionen erhält, steht ständig an der Klagemauer und ist total unzufrieden.

Kassandrarufe und Demonstrationen täuschen eine Bedürftigkeit vor, die so nicht oder aber überhaupt nicht besteht. Die Bauern übertreiben.

Die Landwirtschaft stilisiert ihre Sorge zu einem nationalen Ereignis, gar zu einem nationalen Unglück hoch.

... wenn ein ganzer Wirtschaftszweig von den Rockschößen des Staates nicht loskommt, wenn er als ewiges Muttersöhnchen nie erwachsen wird, wenn das Gängelband des Staates zu einer schweren Kette wird.

Bauern ... wollen die Kuh schlachten, die sie ständig füttert.

Nicht jeder, der Bauer sein will, kann auch Bauer bleiben.

Wille zur Freiheit bekommt ... die besseren Chancen, sich zu verwirklichen, weil der bei den Landwirten zusätzliche persönliche Energien freisetzt, sich nach eigenen statt nach staatlichen Vorstellungen einzurichten und die Freiräume zu nutzen.

Die Bauern sind die Klageweiber der Nation.

Die Besten hauen ab, die Fußkranken und Schlußlichter bleiben.

Die Landwirtschaft ... beutet regelrecht aus, was die anderen Bürger an stiller Sehnsucht nach Landleben und gewohntem Landschaftsbild mit sich herumtragen und daher an Mitleidsfähigkeit für die Bauern aufzubringen geneigt sind.

Vokabeln und Redensarten

Akzeptanz Die Unternehmer können nicht erwarten, daß ihre ökonomische Funktion allerseits mit dankbarem Staunen akzeptiert wird. Daher sollten sie als erste dafür sorgen, daß im politischen Umfeld die Zweckmäßigkeit und zugleich die soziale Wirkung einer freien Wirtschaftsordnung anerkannt wird.

Arbeitslosigkeit Daß die Öffentlichkeit immer nur die hohe Arbeitslosigkeit im Visier hat, ist verständlich. Aber dieser Blickwinkel verdeckt einfach viele positive Entwicklungen. Der Arbeitsmarkt liegt nicht nur im Schatten.

Ausgleich Für eine in Freiheit lebende Gesellschaft ist jedoch der Ausgleich zwischen den Sachzwängen des Ökonomischen und den Prinzipien einer die Freiheit festigende Ethik von existentieller Bedeutung.

Berührungspunkte Politik und Ökonomie sind zweierlei. Doch gibt es enge Berührungspunkte.

Berufe, freie Der materialistische Geist der Konsumgesellschaft und das Sicherheitsstreben einer Arbeitnehmergesellschaft haben die freien Berufe nicht unberührt gelassen. Der schöpferische Geist kommt ohne betriebswirtschaftliche Kalkulation nicht aus.

Denken in längeren Fristen hat der Industrie und dem Handel noch nie geschadet.

Diskussion Gerade in der politischen Diskussion sollte zu erkennen sein, daß es Unternehmern um mehr als eine Gewinnmaximierung geht.

Dunstglocke staatlicher Reglementierung und Betreuung.

Eiertänze, ideologische Die Unionspolitiker müssen aufhören, ideologische Eiertänze um den Spitzensatz (der Einkommensteuer) aufzuführen.

Entfaltungsmöglichkeiten (Die Senkung des Spit-

84

zensteuersatzes) wäre aber auch ein Stück Gesellschafts-
politik, die den Mittelschichten und den Leistungs-
willigen wieder mehr Entfaltungsmöglichkeiten ein-
räumte.

Feindbild   Das alte Feindbild von der Werbung als dem
«geheimen Verführer» ist zwar hundertfach widerlegt,
feiert (hier) aber fröhliche Urständ.

Freiberufler   können nur durch Leistung überzeugen;
mit deren Verweigerung stellen sie sich ins Abseits.

Gang nach Bonn   Aber ist nicht der Gang nach Bonn
auf Dauer entwürdigend? Wäre es nicht für die Industrie besser, sie böte den Politikern ein «Geschäft» an, in
dem niedrigere Steuersätze gegen den Verzicht auf Subventionen gehandelt werden?

Geisel   Die deutsche Industrie... sorgt sich, gleichsam
zur «Geisel der Landwirtschaft» zu werden. Das bedeutet Truppenverstärkung für jene, die schon immer be-
harrlich nach einem marktwirtschaftlichen Reform-
kurs für Europas Agrarpolitik verlangen.

Geld   Wenn es um Geld geht, hört die Spendierfreudig-
keit manchmal auf.

Geschäfte, gute   Um gute Geschäfte zu machen, ist es
keineswegs erforderlich, etwas grundsätzlich Neues
auf den Markt zu bringen.

Gesellschaft, automobile   Denn daß wir eine automobile Gesellschaft sind, braucht weder herbeigewünscht
noch hinwegbeschworen zu werden: Wir sind es, und
wir könnten davon, selbst wenn wir wollten, nicht
mehr Abschied nehmen.

Gesellschaft, westliche   Die westliche Gesellschaft
kennt kein «System», wohl aber eine innere Konkurrenz von Interessen und Meinungen, ein rechtes Tohu-
wabohu, das sich freilich immer wieder dynamisch zu-
sammenrüttelt.

Handel   Nur noch selten schließt jemand einen Handel
ab, meist ist es ein «deal».

Klima Um neue Ideen zu verwirklichen und um Wage-
mut zu belohnen, bedarf es (nämlich) keiner Steuermit-
tel. Vielmehr müssen der Rahmen, das Klima, in denen
die neuen Ideen gedeihen können, stimmen. Im Silicon
Valley sind keine Steuergelder geflossen. Dort ist die
Initiative auch nicht vom Staat, sondern von seinen
Bürgern ausgegangen.

Rezession ein Begriff, der im allgemeinen Sprachgebrauch den Beigeschmack von Katastrophe hat.

Schicksal Der Strukturwandel, der sich an Rhein und
Ruhr vollzieht, ist in gewissem Sinn Schicksal, das
Schicksal eines Hochlohnlandes.

Sparen Vom Sparen zu reden ist allemal leichter als es
zu tun – auf beiden Seiten des Atlantik.

Stahl Soll nun auch der Stahl zu einer Last für alle werden?

Stimmung Von verantwortlichen Politikern sollte
man erwarten, daß sie die Konjunktur nicht kaputtre-
den. In der Wirtschaft spielt die Stimmung schließlich
auch eine Rolle.

Subventionen Die enormen Zahlungen an Bauern
und Werften haben sich politisch nicht ausgezahlt. Die
Wähler haben die Meinung der «Pragmatiker» und
Populisten widerlegt, mit Subventionen und anderen
Zuwendungen politische Führung ersetzen zu kön-
nen.

Wirtschaftslandschaft Mit milliardenschweren Füll-
hörnern schweben sie (die Regierungsparteien und die
Oppositionspartei) über einer Wirtschaftslandschaft,
die sich nicht mehr so blühend darbietet wie bisher, die
aber keineswegs von Unwettern verwüstet darnieder-
liegt, wie man vermuten möchte.

zerreden eine im ganzen stabile Konjunktur wird im
Ankündigungseifer des Wahlkampfes und in den Phan-
tastereien der Spekulation zerredet.

Hinweise für die Praxis

Die freie Wirtschaftsordnung dient allen.
Darum können Sie, wenn Sie als Konservativer mit den Interessen und Erkenntnissen der Wirtschaft, im Zweifel: der Industrie, argumentieren, keinen Fehler machen.
Dies bedarf jedoch großer rhetorischer Sicherheit. Deshalb sind heute mehr Übungen angesetzt.

Übungen

Übung 1: *Die Konjunktur*
a) Was bestimmt die Konjunktur?
b) Wenn die Konjunktur nicht wie gewünscht läuft, wo suchen Sie dann zuerst die Schuld?
Übung 2: *Freiheit*
a) Machen Sie die Alternative klar!
b) Wie antworten Sie, wenn jemand auf die Macht der Wirtschaft zu sprechen kommt?
Übung 3: *Arbeitslosigkeit*
a) Arbeitslosigkeit ist gesellschaftspolitisch günstig, nur der Markt kann sie korrigieren. Machen Sie deshalb die Politiker lächerlich, die das nicht verstehen wollen!
b) Kommentieren Sie die Statistik (2,497 Mio. Arbeitslose) mit möglichst wenigen Worten!
c) Was ist es, Maßnahmen gegen die Arbeitslosigkeit zu fordern?
Übung 4: *Fusionen*
a) Verteidigen Sie die Großen des Großhandels!
b) Machen Sie die lächerlich, die für Fusionskontrolle eintreten!
c) Welche verbale Einschränkung ist bei jeder Fusion zu äußern?
Übung 5: *Selbstbewußtsein*
a) Zeigen Sie, daß die Regierung unter Ihrem / unserm Kommando steht oder stehen sollte, indem Sie ihr dann und wann einen Befehl geben!
b) Bleiben Sie selbstkritisch!

c) Lassen Sie sich nie vom Pessimismus anstecken, wenden Sie sich gegen überzogenen Pessimismus und belastende Kassandrarufe!

d) Was zeichnet die deutsche Wirtschaft trotz allen Gefahren aus?

Übung 6: *Krisenmanagement*

Ein Satz, den Sie für Notlagen bei Rechtfertigungen immer bereit haben sollten!

Merksätze

Weniger Abhängigkeit bedeutet mehr Freiheit, und mehr Freiheit weckt zusätzliche unternehmerische Kräfte.

Wenn Ideologen sich der Wirtschaftspolitik bemächtigen, ist Gefahr im Verzug.

Die Zauderer und Sünder (in Sachen Subvention) sind keineswegs nur in der Volkspartei «Union» zu suchen.

Banken (sind) keine Samariter.

Kein Unternehmen ist eine Insel.

DER MARKT

Lesetext 1: Der freie Markt ist nun einmal das einzig zuverlässige Lenkungsinstrument einer Wirtschaft, und außerdem kann die freie Wirtschaft wie keine andere Ordnung Wissen und Leistung mobilisieren.

Lesetext 2: Der Markt ist nämlich alles andere als eine Simsalabim-Formel. Er ist das sicherste, weil rationalste Instrument, das Wirtschaftspolitikern helfen kann, auch schwierige Probleme Lösungen näherzubringen.

Lesetext 3: Die Politiker planen deshalb so oft am tatsächlichen Bedarf vorbei, weil sie nicht wissen können, was die Bürger morgen nachfragen werden, was es Neues geben wird, und was sich überlebt hat ... Auch der informierteste und gewissenhafteste Förderer «weiß» nicht so viel wie der Markt.

Sachkunde: Die Börse

Die Börse als Spielkasino? Ein Federstrich des Gesetzgebers kann sie dazu machen – und sollte das auch tun.

Die Börse ist längst ein einziger großer Markt, der keine dämpfenden Zeitpolster mehr kennt.

An der Börse bündelt sich wie in einem Brennglas eine Vielzahl von Hoffnungen und Befürchtungen, die sich dann schließlich im Wechselspiel von Angebot und Nachfrage in Kursen niederschlagen.

Man erschlägt nicht den Boten. Nichts wäre falscher, als der Börse die Baisse anzulasten.

Die Börsen sollen nun zeigen, daß nicht die «Kisten» (Computer), sondern überall wieder Vernunft und Erfahrung das Kommando übernehmen.

Eine Aktie war immer ein Papier mit Chance und Risiko.

Kein Mensch kann voraussagen, wie das weitergeht. Wer da jedenfalls, was die Börsenkurse angeht, prophezeien wollte, geht unter sein Niveau.

Die Menschen haben sich in unseren modernen, mit Elektronik vollgestopften Börsensälen rar gemacht.

Die Börse ist ein Markt, auf dem – anders als im Supermarkt – um jeden Preis gefeilscht wird: Wollen viele verkaufen, aber keiner will kaufen, müssen die Verkäufer mit den Preisen herunter – bis die Käufer endlich zuschnappen.

Wenn sich die Kurse wie im Fieber schütteln, heißt das nicht, daß die Börse krank sei. Schon eher, daß die Wirtschaftslage labil ist.

Vokabeln und Redensarten

Argumente, moralische Die Marktwirtschaft wird ohnehin ständig mit moralischen Argumenten angegriffen.

Freihandel Freihandel, so hieß es ..., sei der Traum des Volkswirts – weltfremd also, ein ökonomisches Götzenbild. Aber lieber angeblich weltfremd träumen und Freihandel durchzusetzen versuchen als einen ständigen Alptraum erleben, der seit Jahren Wirklichkeit ist, nämlich den der Agrarpolitik.

Finanz-Yuppies Inzwischen haben viele der Finanz-Yuppies erfahren müssen, daß das Leben kein Traum ist.

Gesellschaft, freie Eine freie Gesellschaft ist ohne freie Marktwirtschaft nicht zu haben, und daher wird sich auch immer wieder privater Reichtum anhäufen.

Jungbrunnen Ist die Werbung gleichsam ein Jungbrunnen für eine Generation, die nicht älter werden will?

Kapazitäten Nichts wird auf Dauer teurer als die Erhaltung von Kapazitäten gegen die Kalkulation des Marktes.

Märkte für Arbeit ... auch an den Märkten für Arbeit auf die Marktkräfte verlassen.

Marktlücken Und wenn städtische Müllmonopole Marktlücken lassen, etwa am Samstag: Was ist Schlechtes daran, sich in diesen Nischen anzusiedeln? ... Amtliche Daseinsvorsorge reimt sich im Grunde nie.

Medien, neue Könnten nicht doch einmal Neue Medien und Marktwirtschaft einander näherkommen?

Ökonomen Aber es ist doch merkwürdig, daß es selbst Ökonomen so schwer fällt, auch im Anbieten und Nachfragen von Arbeit im wesentlichen einen Marktvorgang zu sehen, der im Prinzip nicht anders funktioniert als andere Tauschvorgänge.

Porsche Es fehlt ein moderner Porsche, der der Konkurrenz nicht nur auf der Straße, sondern auch im Markt davonfahren könnte.

Stahlmarkt Auf dem internationalen Stahlmarkt herrschen nicht die reinen Regeln von Angebot und Nachfrage.

Sünder Bekenntnisse zur Marktwirtschaft bei Sozialisten (dürften z. T.) allerdings die Funktion eines Alibis haben, so als wenn der Sünder vor der Kirche das Kreuz schlägt, im übrigen aber von der Änderung seines Lebenswandels nichts wissen will.

Vernunft Die Unvernunft der Politik hat wesentlich mit zu dem Dilemma beigetragen, das sich jetzt an den Finanzmärkten ausbreitet. Von der Vernunft der Politik wird es nun mit abhängen, ob die Unsicherheit an den Märkten wieder schwindet.

«Verschwörung» Kann es überhaupt eine solche «Verschwörung» von Politik und Finanzmacht geben, von denen auch die amerikanische Regierung in gehörigem Maße abhängig ist? C. müßte wissen, daß er mit diesem

Hinweis das ohnehin vorhandene Mißtrauen gegenüber «denen da oben» schürt.

Wettbewerb Dem Wettbewerb ist am besten dadurch gedient, daß die Märkte für mögliche Konkurrenten offenbleiben. Der Angebots- und Nachfragemarkt der Großen... wird überschätzt.

Hinweise für die Praxis

In der relativen Unüberschau- und Unvorhersehbarkeit des wirtschaftlichen Treibens muß es etwas geben, an das alle glauben können.

Halten Sie trotz aller ökonomischen Sachzwänge daran fest, daß es ein höheres Wesen gibt, das zum Wohle aller da ist: der Markt.

Gegen die Arroganz derer, die der Wirtschaft und den Menschen eine Rangordnung der Bedürfnisse vorschreiben (wollen), ist die unumstößliche Autorität des allwissenden und im Fall kleinerer Irrtümer sich selbst korrigierenden Marktes zu setzen.

Damit der Markt zum Vorteil aller wirken kann, muß er jedoch nach allen Seiten offen und frei sein. Seinen Segen entfaltet er nur im freien Spiel freier Kräfte. Und nur dann, wenn alle ihm glauben und seinen Gesetzen gehorchen.

Vor dem Markt sind alle gleich, das heißt: jeder ist auf sich selbst, das heißt: auf seine Kreditwürdigkeit gestellt.

Übungen

Übung 1: *Kein Eingriff in den Markt, was auch immer geschehe!*

Übung 2:

a) Wenn ein Markt doch einmal durch Firmenaufkäufe abgeschafft wird, wie formulieren Sie das auf unanstößige Weise?

b) Lassen Sie sich dabei allenfalls zu einem Unterton des Bedauerns hinreißen!

a) Wer oder was ist der größte Feind des Marktes?

b) Was sind Subventionen?

c) Was leistet der, der Subventionen abbaut?

d) Was ist noch schlimmer als Subventionen?

Übung 4: *Was hat der Wohnungsmarkt von der Marktreglementierung?*

Übung 5: *Begründen Sie möglichst originell, warum bei der Post endlich die Marktwirtschaft eingeführt werden muß!*

Übung 6: *Da der Markt alles weiß, dürfen Sie sich dumm stellen!*

Merksätze

Man muß die Sprache des Kunden sprechen; und zwar in jeder Beziehung.

Der Markt ist nicht nur unter Versorgungsgesichtspunkten anderen Organisationsformen überlegen. Er bändigt auch Machtansprüche.

Der Mann im Laden weiß am besten, wann es für ihn am sinnvollsten ist, sein Geschäft zu öffnen.

Der Marktwirtschaft sind Idee und Postulat der Solidarität nicht fremd.

Marktwirtschaft ist nicht nur Chance, sondern auch Wagnis. Auch mit der Marktwirtschaft wird der Wohlstand nicht sofort und überall ausbrechen.

14. TAG

DER SOZIALSTAAT ODER: DAS SCHLARAFFENLAND FÜR SCHNORRER

Lesetext 1: Man wird sehen müssen, daß die Wohlstandsgesellschaft satt und lässig macht. Aber Wohlstand kann nur bei ständiger Anstrengung erhalten bleiben. Durchschnittliche Leistungen reichen dazu gewiß nicht aus.

Lesetext 2: Das Bewußtsein, unrecht zu handeln, ist den modernen Ausbeutern weithin abhanden gekommen. Den unsolidarisch Handelnden, die andere ohne Not für sich arbeiten lassen, schlägt das Gewissen nicht. Viele brüsten sich sogar damit, wie geschickt sie Solidarkassen auszuplündern verstehen. Nichts zeigt besser den Verfall der guten Sitten ... Wer es wagt, auf die modernen Ausbeuter sozialer Einrichtungen, etwa der Arbeitslosen-, Kranken- und Invalidenversicherung, hinzuweisen, muß mit empörten Angriffen ... rechnen.

Lesetext 3: Eine Sozialpolitik hat sich ausgebreitet, die den Bürgern und Wählern vorgaukelt, daß sie unzählige Ansprüche hätten, die andere, nämlich eine anonyme Gemeinschaft, bezahlen würde.

Sachkunde:
Arm und reich gibt es nicht

Klasse und sozialer Stand sind zu wesentlichen Teilen eine Sache persönlichen Glücks oder Pechs.

«Besserverdienende», ein Reizwort der Sozialpolitik unserer Tage.

94

Die Aktionäre der Banken, die auch nicht alle reich sind.

Die Legende von der zum Armenhaus mit reichen Verwaltern entarteten Bundesrepublik.

... wie die Anständigen vor dem Heer der Schnorrer geschützt werden können.

Je höher das Wohlstandsniveau in einer Gesellschaft wird, um so mehr und häufiger wird Hilfe auch denen versprochen, die solche Unterstützung nicht mehr nötig haben.

Niemand verkennt, daß es hier (unter den Arbeitslosen) tatsächlich Not gibt. Der Begriff kann heute nicht mehr aus dem Mangel an Brot und Margarine definiert werden... Aber ganz so schlimm, wie die SPD es hinstellt, *darf, nein,* kann es nicht sein... Die Arbeitslosen leiden, von den Ausnahmen der verschämten Armut abgesehen, keine Not. Sie leben zwischen sozialer Unterstützung und irgendwie belohntem Werken. Schwarzarbeit ist ein Zipfel des Phänomens.

Bei aller Not im einzelnen... ist die Bundesrepublik nicht zu einem Entwicklungsland besonderer Art geworden, in dem die einen (die Vielen) im Dunklen sind, die anderen, die Wenigen, aber im Licht – die Verhältnisse, sie sind nun wirklich nicht so.

Die Folge ist, daß niemand mehr zufrieden ist, die Besitzer angeblicher Privilegien genausowenig wie diejenigen, die sich unterprivilegiert fühlen. Die Frucht allzu vieler guter Taten ist der Neid.

Vokabeln und Redensarten

Anspruchsmentalität hat die Investitionsperspektive verschüttet.

Asylbewerber ein besonderes sozialpolitisches Problem, das sich leicht durch schnelles Wegschicken lösen ließe.

Bedarfsweckungsgesellschaft hat die Jahreszeiten abgeschafft, die Landesgrenzen und manche Sitten
dazu.

Betreuungsstaat

Bumerang Die Last reichlich ausgestatteter Sozial-
pläne kommt nun als Bumerang auf die öffentlichen
Haushalte zurück.

Chor Wo immer etwas schiefläuft, stets bildet sich ein
vielstimmiger Chor, der staatlichen Organen Schuld
zuweist oder zumindest Abhilfe zu Lasten der Steuerzahler verlangt.

Gefälligkeit Wo die Gefälligkeit zur Regel wird und jeder zweite auf Begünstigung besteht, verliert das, was
als Auszeichnung gedacht war, seinen Wert.

Großverdiener, vermeintliche

hilflos Die Bundesrepublik (bleibt) Strömen auch von
Wirtschaftsflüchtlingen aus aller Welt hilflos ausgesetzt.

Krankfeiern ist zu einem weit verbreiteten Sport geworden.

«Kurlaub» ist eine besonders billige, weil von anderen
bezahlte Quelle zusätzlicher Freizeit.

Reiche, angebliche

Ressentiments, soziale Man denkt nicht mehr in
einem Gesamtzusammenhang, sondern nimmt Rücksicht auf soziale Ressentiments und spricht von «Umverteilung» und «Gerechtigkeit».

Rest-Rechte des einzelnen, seines Glückes Schmied zu
sein.

Schönwetterland Ist die Bundesrepublik ein Schönwetterland?

Schwarzarbeit und Schattenwirtschaft machen sichtbar, was große Teile der Bürger von der tariflichen
Kartellohn-, Sozialversicherungs- und Steuerpolitik
halten ... Schwarzarbeit zeigt an: Der Staat hat die
Schmerzschwelle der Bürger überschritten. Schwarz-

arbeit ist gleichsam das Sicherheitsventil, um Schäden staatlicher Mißwirtschaft zu mindern.

Selbsthilfegruppen helfen weder sich selbst, noch helfen sie Außenstehenden aus eigener Kraft, sie sind nur Kostgänger der Steuerzahler oder ein Werkzeug staatlicher Sozialingenieure.

Selbstverantwortung Für die Sozialpolitik (muß) mehr als bisher der Grundsatz der Selbstverantwortung gelten.

Solidarität Solidarität ist zu einer Art Zauberformel geworden. Wo immer dieses Wort in politischen Auseinandersetzungen auftaucht, verstummen die Kritiker... der Solidarität müssen Grenzen gesetzt sein, wenn Ausbeutung im Namen des Sozialstaates verhindert werden soll. Auf Solidarität hat nur derjenige Anspruch, der sich nicht selbst zu helfen vermag.

Soziale, das Der Begriff des Sozialen wird mißbraucht zum Nutzen der Profilierung politischer Funktionäre.

Soziale, scheinbares Das scheinbar Soziale verkehrt sich ins Gegenteil. Die Tretminen der zu späten Erkenntnis gehen hoch.

Sozialpolitik Eine Sozialpolitik, die statt mit Fakten mit Emotionen hantiert, ist freilich nicht mehr berechenbar. Heute mißhagt dem Staat die Zigarettenwerbung, morgen vielleicht jene für Einwegflaschen, für Alkohol, für Pharmazeutika oder für Autos.
– wird schnell zum politischen Dummenfang.
– kann nicht Sache einer Fernmeldeverwaltung sein.

Sozial- und Technologiepolitiker plündern die Etats.

Sozialstaat Auch für eine «bürgerliche» Regierung (ist) der Sozialstaat nahezu unumkehrbar.

Sozialstaat, überbordender Was B. seit einiger Zeit betreibt, ist nicht mehr die «Wende», sondern eine Neuauflage des überbordenden Sozialstaates.

«Sponsor» Staat resigniert… vor denen, die um ihre
materielle Situation besorgt sind, aber auch vor denen,
die solche nachfühlbaren Sorgen zum Krawall zu mißbrauchen auf dem Sprung sind.

Stümperei, die kein soziales Problem dauerhaft lösen
wird, (ist jede Politik, die nicht zur) dauerhaften Mobilisierung ökonomischer Kräfte, zur durchgreifenden
Lösung sozialer Fragen (führt).

Hinweise für die Praxis

*Unser Staat krankt daran, daß er zum Sozialstaat degeneriert ist. Der
Gedanke der Demokratie ist sozial pervertiert und in beinah staatsge-
fährdender Weise auf den Staat angewendet worden, in dem alle gleich
arm oder gleich reich, in dem alle gleich sicher sein sollen – ohne das
gleiche zu leisten und zu verantworten. So wird der Staat, der stark
sein müßte, schwächer und schwächer: zum willenlosen Kollektiv. Gegen den gleichmacherischen Demokratismus und Subventionismus hilft
nur: zurück zum Markt, zur Leistung, zu Unterordnungsbereitschaft
unter einen starken Staat.*

*Zwar müssen soziale Hilfen dann und wann sein, aber der Kampf
gegen die Illusion des Sozialen ist mit Entschiedenheit, Polemik und
Schlagworten zu führen!*

*Man wird wohl noch fragen dürfen: In den westlichen Industriestaaten
ist das Leben für alle immer komfortabler, «sozialer» geworden – aber
sind die Menschen deshalb glücklicher, zufriedener oder klüger als früher?*

Übungen

Übung 1:

a) Wer ist verantwortlich für das Sozialstaatsübel?

*b) Vergessen Sie nie, daß die Ideologen und Illusionisten des So-
zialstaats in allen Parteien anzutreffen sind! Was dürfen Sie auch
der CDU vorwerfen?*

Übung 2: *Womit wird die* Flickschusterei *des Sozialstaats bezahlt?*

Übung 3: *Was ist die entscheidende ordnungspolitische Alternative?*

Übung 4: *Suchen Sie immer wieder neue polemische Begriffe, die das Wohlleben der Sozialhilfeempfänger charakterisieren, aber nicht an das Wohlleben derjenigen erinnern, die jedes Essen, jede Taxifahrt, jede Reise usw. von der Steuer absetzen können!*

Übung 5:

a) Begründen Sie, warum Sozialpolitik nicht einmal den Menschen hilft!

b) Verwenden Sie anstelle des Begriffs «Geld» den Begriff «Verantwortung»!

Übung 6: *Sparen Sie bei der Kritik am Sozialstaat niemals die CDU aus!*

Merksätze

Staatshilfen haben immer etwas Diskriminierendes an sich.

Anspruchsdenken... haben die Politiker über Jahrzehnte hinweg gefördert.

Das Feld des Sozialen (ist) voller bösartiger Tretminen, die erst mit einer langen Zeitverzögerung hochgehen.

Die Soziallast der späten achtziger Jahre ist die Folge der Sozialträume der frühen siebziger.

So zahlt also «Vater Staat» viel Geld dafür, daß er Versorgungsdenken fördert und als «Rabenvater» in Verruf gerät.

15. T A G
DIE POLITIK UND DAS REGIEREN

Lesetext 1: Sind demokratische Ordnungen nicht anders als durch die permanente Irreführung des Wählers zu regieren oder liegt es allein an der mangelnden Kompetenz oder auch Moral der Politiker, wenn nicht mehr in Gesamtzusammenhängen gedacht und gehandelt wird?

Lesetext 2: B. hat das Regime in Chile ... fernsehwirksam attackiert. Wer totalitäre Regime bloßstellen will, braucht Publizität. ... Des Ministers Kampf um die Menschenrechte bekäme wesentlich mehr Gewicht, wenn er dabei nicht einäugig bliebe. Wer Pinochet oder das Regime in Pretoria angreift, ist des allgemeinen Beifalls gewiß. Wer hingegen mit der gleichen Lautstärke die Verbrechen in Afghanistan oder den Archipel GULag anprangert: der macht sich unbeliebt oder «stört die Entspannung». Die Menschenrechte bei dem Autokraten Pinochet einzuklagen, ist nicht kostspielig; deshalb bleibt glaubwürdig nur, wer den Mut dazu auch vor den roten Machthabern in aller Welt beweist.

Lesetext 3: Und dabei ist es auf dem Feld der Politik wie auf dem Gebiet des Geistes und der Kunst: der Weg, die Entwicklung ist das Mühselige, Langwierige, das Ergebnis erst ein Genuß.

Sachkunde:
Lehren aus einer Affäre

Mit schmutzigen Tricks ist Politik gemacht worden, nicht in Kiel, in Hamburg.

Sobald Machterhaltung und Machtgewinn bis in die Bundesländer, in denen mehr verwaltet als regiert wird, zur vermeintlichen Kernfrage verabsolutiert sind, müssen die Anfechtungen für Funktionsträger fast unwiderstehlich werden. Unerfreuliche Zeitgenossen, nicht mit der Feuerzange anzufassende, gewinnen dann als Ratgeber mit unqualifizierbaren Empfehlungen das Ansehen und die Wirkung von Schamanen. Alles kann dann nur noch schiefgehen.

Auf seinem (B.s) Angedenken lastet die Verantwortung dafür, daß ein Mensch in den Staatsdienst genommen wurde in Zwecken parteilicher Arbeit, und daß jemand beschäftigt wurde, der bei einiger Menschenkenntnis dem für derartige Leute geeigneten Arbeitsmarkt hätte überlassen werden können.

Bei allen Verdachtsmomenten war nichts erwiesen. Es ist zu befürchten, daß der Wahlmißerfolg B.s seine möglichen Fehlgriffe in härterem Licht erscheinen ließ. Danach hat B. gehandelt, bis zur äußersten Konsequenz einer Verantwortung, deren Motive wohl nie in Klarheit zu rücken sein werden.

Politik ist eine Arena, in der mit harten Bandagen gekämpft wird. Und die Versprechen der Politiker zu Umkehr und Einsicht werden regelmäßig brüchig, wenn die Mehrheitsverhältnisse knapp sind, wenn im Kampf um die letzten Prozente die Leidenschaften überborden und die Fairneß beiseite gedrängt wird. Ein Systemfehler? Und wenn: Ist er behebbar?

Zwischen Ministerbüros, Pressereferaten und der jeweiligen Partei gibt es überall ein Verwischen der Grenzen und eine Vermischung, die nicht sein darf – die aber, leider, auch in SPD-regierten Ländern überall real existiert... muß die Kritik daran für alle Parteien gelten.

... Ministerpräsident ist tot, er bleibt verstrickt in Angelegenheiten, die einem Publikum nicht gefallen, das sonst, je im Privatleben, den Ehrgeiz als Rechtfertigung für den Kampf mit ungewöhnlichen Mitteln als gewöhnlich akzeptiert.

Der eine Fehlgänger B. hat die unverständlich-üblen Dinge ins Werk gesetzt.

Niemand weiß, wann die nächsten faulen Eier aufbrechen.

Vokabeln und Redensarten

Abgeordnete Derjenige, dessen Pflicht die Selbstdarstellung ist, greift bald zur Selbstüberschätzung, bald zur Selbstkritik und merkt dabei meist nicht, wieviel Selbstgerechtigkeit er damit offenbart.

Aufklärung ist eine Bringschuld der Politik.

Auslese Die Auslese muß so streng sein, daß sich ihr nur kratzfeste Charaktere stellen, und so rational, daß sich nicht die fintenreichen, sondern die qualifizierten Bewerber eine Chance ausrechnen können.

Beamtenzucht, bayrische Taube Nüsse fallen frühzeitig durch den Rost der bayerischen Beamtenzucht.

Bonner Papierfabrik *statt* Bundestag

Bundestag Der Bundestag ist ohnehin, mangels Beratungsmasse, in seinen Plenarsitzungen seit Jahren überwiegend mit entmutigenden Nichtigkeiten befaßt. … unentwegt die alten Grabenkämpfe, überall nur lustlos erfüllte Pflicht, nirgends eine anregende oder gar spannende Kür.

Demokratie ist eine Staatsform des Beharrens, enthält aber auch eine Prämie für Ungeduld.

«Demokratisierung» In jedem Fall dient das Wort «Demokratisierung» nur zum Verschleiern des Strebens nach ungeteilter Macht.

Feindbilder Bei aller verständlichen Skepsis gegenüber Feindbildern empfiehlt sich rationaler Umgang mit ihnen. Es gibt Gegensätzlichkeiten, Antagonismen, und sie sind die Grundmaterie aller Politik… Am nützlichsten wäre, das Feindbild als eine normale Hypothese gelten zu lassen.

Gemeinsinn Der Gemeinsinn läßt nach.

Glück in der Politik ist eine unbeständige Göttin.

Inflation der Ansprüche Politiker sollten nun wenigstens künftig davon absehen, die Inflation der Ansprüche an den Staat zu schüren.

Instinktlosigkeiten und Ungeschicklichkeiten (der CDU / FDP-Regierung) gab es genug, aber doch nicht mehr als vordem auch.

kurzatmig Unter den Bedingungen der Demokratie voranzutreibende Politik ist ihrer Natur nach kurzatmig.

Lebenszeit-Garantien kann es in der Politik nur ausnahmsweise geben.

Markt, offener Es ist ein Aberglaube, daß in einem freiheitlichen und demokratischen Land die Regierung ihre Arbeit auf dem offenen Markt tun müsse.

Menschenrechte Die beiden (FDP-Politiker) haben dem südafrikanischen Regime die Leviten gelesen. Wie wäre es, wenn der Dresdner B. als Besucher seiner Heimat in der DDR Erklärungen abgäbe über Menschenrechte, vergleichbar denen, die in Südafrika Publizität erhielten?

Minenfeld der Innen- und Rechtspolitik.

Pietät ist nicht die erste Tugend der Politik.

«Plutonium-Staat» ist ein politisches Fabelwesen.

Politiker, kultivierte Politische Kultur bedarf kultivierter Politiker aller Ränge, ist nur als deren Leistung überhaupt vorstellbar.

Sämann Viele Politiker gefallen sich in der Rolle des Sämannes, der mit einem Füllhorn von Steuergeldern über das Land schreitet und Subventionen verteilt.

Schwalben «Eine Schwalbe macht noch keinen Sommer». Dies mag eine zutreffende Beobachtung der Natur sein, ist in der Politik aber irreführend. Hier kündigen die ersten Schwalben nicht neue Entwicklungen an, sondern bestätigen ihren Durchbruch.

Schulter Die Notwendigkeit, gewählt werden zu müssen, verführt die meisten Politiker dazu, ständig über die Schulter zu schauen, statt voranzugehen, Widerstrebende zu überzeugen, für Unpopuläres einzutreten und die eigene Karriere notfalls verwunden zu lassen.

Selbstachtung Es ist ein Zeichen der Selbstachtung der Demokratie, daß (sie) ihre aktiven Feinde zwar gewähren läßt, sie aber nicht als Beamte haben will.

Tapferkeit Woran fehlt es heutzutage in den Verfassungsstaaten, die «gute Regierung» sind, am meisten, namentlich im eigenen Land? ... Am meisten fehlt «fortitudo», die Tapferkeit.

«Verantwortung» Es ist ein großes Wort, das von der «Verantwortung» des handelnden Politikers.

Visionen Das gibt es häufig in der Politik: wo kleine Schritte zu beschwerlich erscheinen, da werden große Visionen aus dem Hut gezaubert.

Wahlen Wir können unsere Wahlen mit Nüchternheit betrachten.

Wahlen ... der Verdacht nicht zu widerlegen, der Blick auf Wahlen behindere das Regieren.

Wesensmerkmal Es ist ein Wesensmerkmal.der Demokratie, daß die Mehrheit recht hat.

Hinweise für die Praxis

Nach wie vor sollte es zum guten Ton gehören, die Demokratie abzuwerten – aber in äußerst maßvollen Worten.

Dagegen ist es Pflicht, die Politiker aller Parteien aufs Korn zu nehmen, die den Regeln der Demokratie allzu blind folgen, die Inflation der Ansprüche schüren oder von den leider immer wieder anstehenden

Wahlterminen gehindert werden, eine wahrhaftige und wehrhafte konservative Politik zu treiben.

Der Wettlauf um Popularität – also das Buhlen um die Gunst der Mehrheit – ist zum Wesensmerkmal der heutigen Demokratie geworden.

Von Politikern, auch von denen, die sich konservativ nennen, ist deshalb nur ein sehr begrenzter Einsatz für konservatives Denken und Handeln zu erwarten.

Vernünftige Politiker wissen allerdings, daß sie am meisten für die konservative Erneuerung tun, wenn sie die Rahmenbedingungen für die Wirtschaft verbessern, den Wohlstand mehren und die Kommerzialisierung des Alltags weiter befördern helfen.

Übungen

Übung 1:

a) Wie nennen Sie all die Wähler, Steuerzahler, Verbraucher, kurz: die Masse, die der Politik nur dümmlich zuschauend zu folgen vermag?

b) Formulieren Sie diskret: Die Masse weiß nicht, was richtig ist!

c) Auch die Parteien haben mehr oder weniger den Makel des Massenhaften. Ironisieren Sie diesen!

Übung 2:

a) Maßstab für die Politik sei die Wirtschaft!

b) Benutzen Sie möglichst häufig betriebs- und volkswirtschaftliche Begriffe für politische Angelegenheiten! Beispiele!

c) Was braucht die Politik also am nötigsten?

Übung 3: *Zeigen Sie trotzdem, hin und wieder, Nachsicht mit der Regierung!*

Übung 4:

a) Zeigen Sie Mitleid gegenüber Politikern, aber nur solchen, die wegen konsequent konservativer Haltung (Spenden-Praxis) ein Ministeramt eingebüßt (haben)!

b) Begründen Sie, daß deren Strafen eigentlich keine sind!

Übung 5:

a) Was gehört nicht in die Politik?

b) Wer gehört nicht in die Politik?

c) Warum dürfen Politik und Moral nicht verwechselt werden?

Übung 6: Arbeiten Sie mit dem Konjunktiv, wenn Sie politisch unbequeme Debatten abzuwerten haben!

Merksätze

Politik wird zuerst mit dem Munde gemacht; wenn auch die oberen Teile des Kopfes dabei sind, ist es eine angenehme Zutat.

Nimmt sich ein Politiker vor, sich an die harten Bretter zu machen, ist er gegen Ende der Wahlperiode allenfalls bis in die Mitte gekommen.

Viele Politiker verdrängen nämlich ökonomische Erkenntnisse, um vordergründig soziale Gesinnung zu beweisen.

Vom Prinzip her gibt es keine Hinterbänkler im Bundestag.

Aber auch in der Politik gilt, daß die Ernte dem gehört, der sie einfährt.

16. T A G
DER BÜRGER UND
SEINE POLITISCHE HEIMAT

Lesetext 1: Die Frage, durch welche Eigenschaft sich der gute Bürger vom schlechten unterscheidet, ist über die Jahrhunderte hinweg weitgehend gleich beantwortet worden. Der Bürger... soll in der Lage und dazu bereit sein, am öffentlichen Leben mitzuwirken. An allgemeinen Dingen stärker interessiert als an seiner privaten Bequemlichkeit, will er in Fragen, die ihn betreffen, mitentscheiden. Teilnahme statt bloßer Hinnahme hoheitlicher Akte, auf diese Formel läßt sich eine lange Tradition verkürzen.

Lesetext 2: Die erdrückende Mehrheit der Bürger kann den Parodien auf einen freiheitlichen und wehrhaften Rechtsstaat keine Zeichen der «Liberalität» mehr abgewinnen, sondern empfindet nur Verachtung für die Handlungsunfähigkeit der Politik und den ewigen Eiertanz der FDP.

Lesetext 3: Politische Taktik entscheidet Wahlen nur am Rande. Es geht um Vertrauen oder Mißtrauen, um den Glauben daran, daß eine Partei das Richtige besser oder schlechter vertrete – wobei die Nuancen vielleicht im Augenblick vermerkt werden, bei der Stimmabgabe in einem mehr erfühlten als rational gezeichneten Gesamtbild untergehen.

Sachkunde 1:
Sorgen um die Union

Es zeigt sich, daß diese große Volkspartei nicht so sehr die Festigung der freiheitlichen Wirtschaftsordnung im Auge gehabt hat. Opportunismus gegenüber einzelnen Wählergruppen hat zunehmend das Bild geprägt.

Das führt vor, wie die Mehrheitspartei CDU sich vom Wind der Stimmung umweht fühlt und wie die Angst um das Bewahren der Mehrheit Schweißperlen auf die Stirn treibt.

Der Generalsekretär der CDU hofft, mit Anklagen gegen Chile und Südafrika seiner Partei ein höheres menschenrechtliches «Profil» zu verleihen, während im eigenen Lande, öffentlich unbeklagt und unbetrauert, Jahr für Jahr zweihunderttausend ungeborene Kinder des wichtigsten aller Personenrechte beraubt werden.

Wahl-Fänger (der Unionsparteien hatten) allerlei zeitgerechte Köder ausgelegt, den chilenischen Menschenrechtsköder, den Raketenabrüstungsköder, auch ein bißchen Honecker-Anerkennungsköder... Es könnte sehr wohl sein, daß diese Fische, ob rechte oder linke, sich einfach darüber ärgern, daß man sie fangen will.

Die Union ist mit dem Versprechen angetreten, mit mehr Markt und weniger Staat die Zukunftsfragen zu lösen. Aber...

CDU-Politiker könnten es der SPD überlassen, Straußens Wendung, Folter in Chile sei «unfein», zu kritisieren. Dann nämlich würde es Strauß leicht, darauf hinzuweisen, es habe sich um eine ironische Untertreibung gehandelt.

Unterdrückten und Verfolgten in aller Welt läßt sich mit vielen Mitteln helfen, am wenigsten mit Propagandareisen (von CDU-Ministern).

Man möchte nicht glauben, daß in der Partei Konrad Adenauers heute in dieser Weise über Sicherheit geredet werden kann.

...sollte der von CDU-Kreisen aus innenpolitischen Erwägungen betriebenen Kampagne gegen Chile Einhalt geboten werden.

Den Unionsparteien ergeht es seltsam. Die Bundesregierung hat auf wichtigen Feldern Erfolge vorzuweisen; sie genießt draußen in der Welt hohes Ansehen. Aber die Union, die an erster Stelle diese Regierung trägt, findet sich im Land schlecht angeschrieben. Wie erklärt sich das?

Sachkunde 2:
Sorgen um die Liberalen

FDP weiß nicht so genau, ob sie «Wirtschaftspartei» sein will oder die Partei, nach deren Willen möglichst alles erlaubt sein soll.

Die FDP sollte sich überlegen, wen sie mit den Ideen des Kollektivismus und des Korporativismus an die Urnen locken will.

In der Sicht der FDP (bestimmen) nicht die Tatsachen das Klima, sondern die Klimapflege steht obenan und soll Schweigen gebieten, das zum Verschweigen der Fakten wird. Eine solche psychologische Bodenbearbeitung kann indessen leicht das Gewicht eines eigenen politischen Faktums erreichen und Gegebenheiten, die es zu verändern gilt, im Nebel versinken lassen.

Frage, ob die FDP weiterhin und wieder die Partei der unbegrenzten Rechte derer sein will, die Rechte anderer wenig achten.

Will die FDP nun auch zu einer Parteitags-Partei werden, also an die Stelle der Bestimmung durch die Bürger die Herrschaft einer «politischen Klasse» setzen?

FDP hatte sich selbst in die Vermummungsfalle begeben.

Eine ans Herz rührende Altliberalität.

Es wäre klassische liberale Politik, den Inhaber von Rechten vor Eingriffen Dritter zu schützen. Aber andere Liberale finden, daß solche Rechte zugeteilt werden sollten, abgestuft nach Mode und Zeitstimmung. Welche sind da die eigentlichen Liberalen?

Vokabeln und Redensarten

Alte, das Die Bürger wollen das Alte am authentischen Ort erhalten sehen – jedenfalls immer dann, wenn der eigene Vorgarten nicht berührt und das eigene Interesse nicht tangiert wird.

Bürger, gesetzestreuer der gesetzestreue Bürger jedenfalls nicht schlechter dasteht als derjenige, der «neue Lebensformen» als ideologische Rechtfertigung für Rechtsbruch nimmt ...

Bürgertugend, alte daß man über Geld nicht redet.

Dreistigkeit Den Bürgern wird zugemutet, zu erkennen und anzuerkennen, daß Dreistigkeit beim Inanspruchnehmen von «Rechten» sich lohnen kann.

Heimatlosigkeit des bürgerlichen Lagers, das nun wieder zu seiner alten Liebe, zur FDP, zurückkehrt.

Leistungsperspektive selbst bürgerliche Parteien tun (sich schwer), eine der indviduellen Entscheidung überlassene Leistungsperspektive als Maßstab ihrer Politik anzuerkennen.

Linksverschiebung G. mit seiner Linksverschiebung.

Mitte das Modewort von der Mitte.

Ordensstufe Die Ordensstufe muß mit dem Verdienst des Bürgers in Einklang stehen, nicht mit seinem ohnehin erreichten Rang oder seiner beruflichen Position.

reich Die Bürger der Bundesrepublik sind nicht reicher als die Bürger Amerikas.

Steuern Der Bürger schätzt es nicht, wenn seine Steuern für amtliche Propaganda (oder Schlimmeres) einer Partei verwendet werden, die zufällig regiert, die er aber nicht mag.

Wähler, bürgerliche erschrecken nicht, wenn Polizei und Nachrichtendienste – gewiß begrenzt – zusammenarbeiten.

Wohl, angebliches Zu Veränderungen gehört Mut, während es bequem ist, auf jene zu hören, die angeblich das Wohl der Bürger im Auge haben, in Wirklichkeit aber nur den eigenen Besitzstand verteidigen.

Hinweise für die Praxis

Der Begriff «Bürger» kommt zwar aus der Mode, aber da er sich weitgehend mit dem des Konservativen deckt, ist er schon aus Gründen der sprachlichen Vielfalt zu erhalten.

Bürger darf sich nur der Konservative nennen. Alle anderen sind bestenfalls Mitbürger.

Der Bürger darf und soll sich als Souverän betrachten. Er steht in der Mitte, das heißt: über den Dingen – und über der Masse erst recht.

Zeigen Sie: Ängste um den eigenen Status sind nicht angebracht, solange das Recht, das normalerweise auf konservativer Seite ist, nicht gefährdet wird. Darauf dürfen Sie stolz sein.

Wenn die bürgerliche Gesellschaft nicht im Sinne des Bürgers funktioniert, sind stets die anderen schuld.

Die Massengesellschaft gefährdet auch den Bürger und seine Geborgenheit, seine politische Heimat. Deshalb darf der Bürger heute nicht bescheiden oder selbstzufrieden werden – er muß im konservativen Sinn kämpfen.

Übungen

Übung 1:
a) Richtige Umschreibung statt: ich verlange!
b) Umschreibung für die, die recht haben, auch wenn sie nicht alles verstehen!

111

c) Umschreibung für die anderen, die eher unrecht haben, aber noch nicht als politische Gegner zu disqualifizieren sind!

Übung 2:
a) Wie nennen Sie Bürger, die uns nahestehen?
b) Oder?

Übung 3: *Benutzen Sie den «Bürger» als Eckstein Ihrer Argumente!*

Übung 4: *Was Mitte ist, bestimmen wir!*

Übung 5:
a) Auch wenn eine bürgerliche Partei mit Diktatoren sympathisiert, bleibt sie über unfeine Zweifel erhaben!
b) Wenn es um wirklich unangenehme Dinge geht, stellen Sie sich besser dumm!

Übung 6: *Definieren Sie «rechts» als bürgerlich und damit positiv!*

Merksätze

Die Bürger wissen, daß auch in einer Welt ohne Grenzen ihr Geld knapp bleibt.

Einem Mundverbot, das schon einsetzt, wenn Realitäten ausgesprochen werden, will sich die Union nicht unterwerfen.

Der Bürger ist also nicht König.

Die CDU muß geistig führen, statt anderen hinterherzulaufen.

17. T A G

POLITISCHE GEGNER 1:
DIE ROTEN GRÜNEN

Lesetext 1: Die Führung ist eindeutig linksradikal; bei den Wählern gibt es sicherlich eine große Anzahl von Leuten, die aus dem Luxus kommen, die alles haben (und auch behalten wollen), aber auf unbestimmte Weise mehr und anderes möchten. Das reicht bis zu den Müttern, die glauben, ihren nach grün hin entgleitenden verwöhnten Kindern nahe zu bleiben, indem sie so wählen wie diese auch.

Lesetext 2: ...im ländlichen oder mittelständischen Milieu (haben die Grünen) an den Disziplinierungsriten der dortigen gesellschaftlichen Strukturen, in den Großstädten jedoch am hektischen Aktualitätsbedürfnis der übrigen Bevölkerung teil.

Lesetext 3: Die Grünen möchten eben nur so lange Partei sein, wie damit Vorteile verknüpft sind. Wo sich Verpflichtungen ergeben, zum Beispiel die der Respektierung der Rechtsordnung, zieht man es vor, «Bewegung» zu sein und sich aktionistisch zu gebärden.

Sachkunde

(nicht erforderlich)

Vokabeln und Redensarten

Abschied   von der Industriegesellschaft... wollen die Grünen.

Alles-oder-Nichts-Halsstarrigkeit   der Grünen.

Arroganz   Oder wird die Arroganz der Besserwisserei sich mit dem Wunsch nach einer immerhin noch preiswerten Märtyrerrolle zu einem Protestverhalten verbinden, das hoffentlich von Nachahmung abhält?

Basisdemokratie   und Delegierten-Regiment waren bisher Sonderbesitz der – nun zerfallenden – grünen Partei.

«Bewegung»   (Grüne) sind nichts als eine «Bewegung».

Emanzipationstheorie   Eine Ausuferung der Emanzipationstheorie, die auch von andern Parteien in den letzten Jahrzehnten weit vorangetrieben worden ist.

Fünf-Prozent-Klausel   des Wahlrechts hält die Grünen noch zusammen.

Gefühle   Grüne appellieren an Gefühle.

Gesetzestreue   ist dieser Partei fremd.

Grüne, sogenannte

Gruppierungen, grüne   die ein mehr als zwielichtiges Verhältnis zur Demokratie haben.

Gruppierungen,   unkalkulierbare und teilweise industriefeindliche.

Haß, tiefsitzender   Hier offenbart sich vielmehr der tiefsitzende Haß gegen das bestehende sozialökonomische System.

Hektik   von Versammlungen (wird) inszeniert.

Kuckuck, grüner

links   Die Grünen wollen alle links sein, aber sie wissen ebensowenig wie die Sozialdemokraten, was das ist. In beiden Parteien funktioniert die Vokabel fast nur noch als Abgrenzungsformel gegen die Union und die FDP.

114

Linkspartei, radikale

Linkspartei, neue, tiefrote

Nationalität Die Grünen, die den Begriff der Nationalität nicht anerkennen wollen.

Ordnung Grüne... nicht verläßlicher geworden, was ihre Bereitschaft angeht, die staatliche Ordnung zu akzeptieren und zu respektieren.

Positionen, an denen auch sie (die Grünen) sich verkrampfen.

Psycho-Krieg Die von ihnen eingeforderte gegenseitige Offenheit kehrt sich um in Diffamierung und Denunziation. In diesem «Psycho-Krieg» setzen sich die Robusten durch, während sich die anderen fragen, wie lange sie das noch aushalten.

Randlage (Politik der Grünen, die) die Bundesrepublik in ihrer gefährdeten Randlage dem Moskowiter Imperialismus wehrlos aussetzte.

«recht» haben Neigung der Grünen, selbst um den Preis von Rechtsverletzungen, immer «recht» zu haben.

rücksichtslos nutzen (die Grünen) in den eigenen Reihen die Abstimmungsmaschinerie.

Schulpflicht Kann man sich vorstellen, daß die (oder der) Vorsitzende des Bundestagsausschusses für Bildung und Wissenschaft für die Abschaffung der Schulpflicht wirbt und Furcht vor der Wissenschaft schürt? Man muß es wohl. Den Grünen...

Schwarmgeister, alternative

Sozialstaats-Melker von den Grünen.

Staat soll gedemütigt werden.

träumen (Grüne) träumen von einer blockfreien Welt.

verändern Grüne wollen verändern, was nicht verändert werden kann, wenn die Wünsche der breiten Mehrheit weiterhin erfüllt werden sollen.

Verfassungspartei Die Grünen . . . sind folglich keine Verfassungspartei.

Vertreter Die Vertreter der Söhne und Töchter einer Luxusschicht, . . . die Partei derer, die auf wundersame Weise staatsversorgt sind.

Verhältnis, zweifelhaftes ein mehr als zweifelhaftes Verhältnis zur Gewalt.

Wählermarkt Die Grünen, verstrickt in ihren internen Richtungsstreit, (bekommen) die Unbilden und Unstetigkeiten des «Wählermarkts» immer stärker zu spüren.

Hinweise für die Praxis

Der Konservative schärft seine Überzeugungen immer noch am besten an seinen Gegnern. Dies argumentative Spiel kann sogar zur Labsal werden, wenn man einen besonders dankbaren Gegner wählt, die Grünen.

Jedes Schlagwort und jedes Argument gegen sie ist richtig. Hier dürfen alle polemischen Register gezogen werden.

Dennoch ist dieser Gegner nicht zu unterschätzen. Denn zuweilen treten die Grünen mit dem Anspruch auf, die einzig wirklich konservative, weil bewahrende Partei zu sein.

Das Gerede vom Wertekonservativismus ist schon deshalb töricht, weil die angeblichen «grünen Werte» den echten Konservativismus ins Herz träfen. Sie wären mit dem Grundwert der frei sich entfaltenden Wirtschaft unvereinbar.

Auf diese Gefahr muß immer wieder hingewiesen werden.

Die Grünen sind also in Wirklichkeit reaktionär, weil sie unseren Konservativismus nur mit Gewalt durch ihren «Konservativismus» ersetzen könnten.

Übungen

Übung 1: *Schlagen Sie den Gegner mit seinen eigenen Worten!*
Übung 2:
a) Finden Sie eine Kurzformel, mit der alle Zeitkritik des Gegners mit einem Streich widerlegt wird!
b) Was erklärt das Verhalten der Grünen?
Übung 3: *Weisen Sie trotzdem darauf hin, wer an allem schuld ist, am Gefahrenpotential der Atomindustrie ebenso wie an dem unnötigen öffentlichen Rummel (z. B. um die Hanauer Nuklearbetriebe)!*
Übung 4: *Wie nennen Sie das Begehren der Grünen, wie alle Parteien in allen parlamentarischen Gremien vertreten zu sein?*
Übung 5: *Vergessen Sie nie, den Gegner lächerlich zu machen!*
Übung 6: *Versuchen Sie trotzdem, gesellschaftliche Zusammenhänge aufzuzeigen!*

Merksätze

«Tunix-Partei».

Diesmal linksextrem verkleidete politische Romantik.

Die grüne Kultur ist eine «Nur-Frage-Kultur».

Grüne, die sich lieber Dunkelrote nennen sollten.

Grüne (sind) fehl am Platz.

POLITISCHE GEGNER 2:
DIE SOZIALDEMOKRATIE

Lesetext 1: Den Finger am Puls der Zeit, hat er (Brandt) seine Partei für alle jene Strömungen geöffnet, die mit Gesellschaft und Staat unzufrieden waren, und damit auch die Verantwortung auf sich genommen, daß aus der SPD zunehmend ein Resonanzkörper des gesellschaftlichen Protestpotentials wurde.

Lesetext 2: Die einen wenden sich von ihrer Partei ab, die sie sich dachten als die der Arbeitnehmer und nicht als eine Partei, die von Wohlstandsbesitzern, aber zugleich Wohlstandsüberdrüssigen – bei Wahrung des Besitzstandes, selbstverständlich – zur Machtausübung gebracht wird.

Lesetext 3: SPD macht den Eindruck, als bestehe sie hauptsächlich aus Flügeln. Gibt es noch einen Körper, der kräftig genug wäre, gleichzeitig mit beiden Flügeln zu schlagen?

Sachkunde:
Namen, die man kennen muß

Brandt: Beim Kanzler Brandt war es jener Geist der Überheblichkeit in seiner Regierungserklärung, nun fange die Demokratie erst richtig an, letztlich der Widerspruch zwischen Sein und Schein.

Dohnanyi: der langmütige Herr im Hamburger Rathaus.

Engholm: der sanfte Vertreter einer extrem linken SPD.

Lafontaine: forsch mit dem linken Zeitgeist marschierend.

Leber: wird von der Furcht getrieben, Politiker in der Bundesrepublik könnten in der Auseinandersetzung mit einer feindlichen, auf die Weltrevolution gerichteten Ideologie erlahmen und zu schwach für eine wirkungsvolle Abwehr werden ... Der Mann, der früher einmal Maurer war, kann heute nicht mehr selbst gestalten. Doch als Mahner bleibt er kompetent.

Rau: hat in der Kernenergiepolitik vor den «Fundamentalisten» seiner Partei kapituliert. Das Land Nordrhein-Westfalen hat Probleme über Probleme.

Vogel: Sollte die SPD unter Vogel gesellschaftspolitischen Schnickschnack in ihren Diskussionen zurückdrängen können und den Weg zum Denken in den christlichen Gemeinden finden, dann könnte dies zu einem Stück innenpolitischer Gewichtsverschiebung führen.

Vokabeln und Redensarten

Abenteuer, ideologisches   Annäherung der SPD an die Grünen.

Arbeitnehmer-SPD,   veredelt durch einen allgemeinmenschlichen Anspruch, (ist) eine sacht veraltende Erscheinung.

Arbeitsgemeinschaft   Nähme man die Gesamtbevölkerung zum Maßstab, so wäre eine 50-Prozent-Quote angemessen. Dann aber wäre es an der Zeit, die «Arbeitsgemeinschaft sozialdemokratischer Männer» zu gründen. Nach dem Vorstandsbeschluß allerdings müßte auch in dessen Führung fast jeder zweite Mann eine Frau sein.

Bazillus   Die SPD bastelt am Modell eines blockneutralen Mitteleuropa. Wenn Teile der Union sich von diesem Bazillus anstecken lassen, gerät die gesamte Ost-West-Politik aus dem Gleichgewicht.

Beschwörung   In der Beschwörung apokalyptischer Visionen ist der «Irseer Entwurf» eines neuen Parteiprogramms der SPD ein Höhepunkt in der Reihe solcher sozialdemokratischer Texte. Was die Heilsgewißheit angeht, fällt er gegenüber seinen Vorgängern ab.

führen SPD wollte geführt, aber nicht verführt werden.

Geistes Kind Jeder muß daran interessiert sein, welch Geistes Kind der Kanzler ist, den die SPD eines Tages stellen wird.

Innenpolitik, nüchterne auf die man offenbar keinen Wert mehr legt.

Jusos Hätten sie nicht ein Mindestmaß sozialdemokratischen Gemeinschaftsgefühls, wären sie bei den Grünen.

Koalition Sozialdemokraten... spuren stockungsfrei auf die... Koalition mit den Grünen zu.

Lebenswörtlein Daß sie (SPD) kein Sterbenswörtlein verlauten ließ, das für ihn (Barschel) ein Lebenswörtlein hätte sein können, verschiebt die Bewertung der Vorgänge gründlich. Die Affäre trug seither die Züge einer verdeckten nachrichtendienstlichen Operation.

Machtbeweise Sozialdemokraten (warten) fast wollüstig auf einen Mann, der Machtbeweise erbringt – wie ein Kind, das Papierwände zerfetzt.

Marktwirtschaft Bekenntnisse zur Marktwirtschaft bei Sozialisten (dürften) allerdings die Funktion eines Alibis haben, so als wenn der Sünder vor der Kirche das Kreuz schlägt, im übrigen aber von der Änderung seines Lebenswandels nichts wissen will.

Moralisieren diffuses sozialdemokratisches Moralisieren.

Neurosen, politische Hessen... von politischen Neurosen, Ängsten und Ratlosigkeiten (der SPD) blockiert.

Oppositionsführer Wie scharf soll ein Oppositionsführer sein? Gewiß ist die Opposition nicht der Jubelchor der Regierung. Aber Äußerungen Vogels wie die von der «größten Umverteilung in der Geschichte der Bundesrepublik» haben mit der Wirklichkeit nichts zu tun.

Oppositions-Politiker die vor der sowjetischen Führung im Staube lagen und mit Verständnis für deren Westpolitik Punkte zu sammeln hofften.

Schläue, böse Die SPD... wartete voll böser Schläue auf den Enthüllungsjournalismus... Wer in diesem Fall das Licht der Öffentlichkeit scheut, führt andere hinter das Licht.

Steine Aber die SPD erliegt zu oft der Versuchung, selbst im Glashaus sitzend, mit Steinen zu werfen.

Strömungen, modische in der Partei.

These Die SPD pflegt seit langem... die These von der Armut im Lande.

Verdacht Leichter wird es der SPD, sich aus dem politischen Verdacht zu lösen, sie wolle mit den Grünen gehen, die Industriegesellschaft beiseite tun, damit die Not der Arbeitslosen gering achten und den Arbeiter... nicht mehr zufriedenstellen.

Verteilungs-Ideologen

Werbethema Die Bekämpfung der Arbeitslosigkeit ist ein altes Werbethema der SPD.

Zukunftsbilder Einprägsame Zukunftsbilder, Zielvorstellungen, die die Energien der Partei lenken könnten, bietet er (der Programmentwurf) nicht.

Zynismus der rot-grünen Opposition.

Hinweise für die Praxis

Auch gegenüber Sozialdemokraten gilt: Schärfen Sie Ihre Überzeugungen an diesem Gegner!

Fertigen Sie die eher radikalen Sozialdemokraten ähnlich ab wie die Grünen und bleiben Sie stets mißtrauisch gegenüber denen, die konservativen Positionen aufgeschlossen scheinen!

Bürokratie, Anspruchsmentalität, Sozialstaats-Schnorrerei – all die Übel unserer Zeit sind auf sozialdemokratischem Mist gewachsen.

Machen Sie sich ein rhetorisches Vergnügen daraus, die SPD a) als Partei von vorgestern, b) als zerrissen darzustellen!

Aber verzeihen Sie den Sozialdemokraten nie, daß sie schon seit vielen Generationen versuchen, den Konservativen angebliche Privilegien zu entreißen und in die Niederungen des Verteilungskampfes zu zwingen!

Merke: Nur tote (oder abgetretene) Sozialdemokraten sind gute Sozialdemokraten.

Übungen

Übung 1: *Wählen Sie ein negativ klingendes Wort, das Sie ausschließlich der SPD vorbehalten!*

Übung 2:

a) Was wird daraus, wenn SPD und Grüne kooperieren?

b) Wie nennen Sie diese Leute?

c) Was wollen die?

Übung 3: *Passen Sie Ihre Argumente flexibel den (Wahl-) Terminen an!*

a) Vor der Wahl (SPD-Regierung):

b) Drei Tage später (CDU/FDP-Regierung):

Übung 4: *Setzen Sie den Gegner stets Ihrem Mißtrauen aus! Besonders, wenn*

a) es um den Rechtsstaat geht!

b) wenn er uns parteiübergreifende Gemeinsamkeit zu beweisen hat!

c) wenn er es wagt, die Liberalen auf seine Seite zu ziehen!

Übung 5:

a) Andere Bezeichnung für sog. sozialdemokratische Theorie?

b) Hintergrund sozialdemokratischer Praxis?

Übung 6: *Geben Sie, wenn nötig, Wahlempfehlungen, aber bitte möglichst originell und nicht zu knapp!*

Merksätze

In ihr (SPD) ist vieles im Fließen, und es fließt in mehrere Richtungen.

Maß und Mitte gingen verloren, Konfliktbereitschaft und Ideologie nahmen zu.

Die Reise geht nach links.

Die Opposition überzieht ihre Kritik.

Die SPD tönt aus dem Abseits und sucht nach ihrer Form.

POLITISCHE GEGNER 3:
SONSTIGE EXTREMISTEN

Lesetext 1: Wirkliche Gefahren drohen der Demokratie nicht von denen, die sich Vergangenes herbeiträumen. Gefährlicher ist die alte deutsche Neigung zur Rechthaberei... Da gibt es diejenigen, die ganz genau wissen, daß die Kernenergie den Tod der Menschheit ausmache, da sind die Sitzblockierer, die für sich in Anspruch nehmen, ein bißchen Rechtsbruch begehen zu dürfen, weil doch sie allein wüßten, was der Menschheit diene.

Lesetext 2: Mit «rechtsradikal», gar «neonazistisch» ist nicht alles davon (von den «rechten» Gruppierungen, die hier und da bei den Wahlen leicht an Kraft gewinnen) abzutun; da wählen auch Leute mit, die von einer bürgerlichen Regierung mehr Besinnung auf alte Tugenden erwartet hätten und etwas weniger Opportunismus.

Lesetext 3: Sie (die radikale Minderheit) spricht dem politischen Gegner die Legitimität ab. Das ist dieselbe Haltung wie bei jenen, die Bundeswehrsoldaten als potentielle Mörder bezeichnen; sie beanspruchen das Monopol auf die rechte Einsicht und auf Gewissensentscheidungen. Wenn jeder sich so verhielte, würde es – bei auseinanderstrebenden Wertvorstellungen und Gewissensbindungen – zu bürgerkriegsähnlichen Zuständen kommen.

Sachkunde

(nicht erforderlich)

Vokabeln und Redensarten

«alternativ» Das Wort «alternativ» heißt: Abwendung, Absonderung von der sonst geltenden Rechtsordnung.

Alt-Nazis sind im Rentenalter, soweit sie nicht schon im Grabe liegen. Auch die hartnäckigsten Vergangenheits-Bewältiger (müssen diese) schlichten biologischen Tatsachen anerkennen.

Antifaschismus kommunistischer Observanz hat politische Konjunktur und macht, im Alleinbesitz der Wahrheit und der Geschichte, Vergangenheit und Gegenwart den Prozeß.

«Autonome» Die verfassungsmäßige Ordnung wollen sie ändern, und zwar mit Gewalt oder mit Gewaltdrohungen. Ob die behelmten Rabauken in Schwarz sich dieses Tatbestands bewußt sind?

Damen und Herren, gewisse die eine, sich vom Pöbel abhebende, persönliche Unberührbarkeit gegenüber einer Forderung des Staates in Anspruch nehmen möchten. (Volkszählung)

Demonstrations-Gewese

Demonstrieren Was immer Empfehlungen zum Demonstrieren, Protestieren und Boykottieren im Schilde führen; mitunter sind sie aber einfach nur bizarr.

Dunstkreis junge Leute aus dem Dunstkreis des Rechtsradikalismus.

Extremisten-Klüngel, fanatischer hat den freien Teil Berlins zu seinem Standquartier gemacht.

Kriterium «links» bestimmt sich heute mehr danach, ob man utopisch-romantischen Veränderungen der «postindustriellen Gesellschaft» (bei vollem Ausgleich der Sozialleistungen) aufgeschlossen gegenübersteht.

Kunstgriff, dialektischer der Marxisten: sie arbeiten immer mit der Hoffnung eines künftigen Glücks in einem Lande Nirgendwo.

Marx Die ganze Lehre von Marx ruht auf der Vorstellung von wirtschaftlichen und gesellschaftlichen Zwangsläufigkeiten des «Kapitalismus», die einfach nicht wahr sind.

Marx Die Gedanken von Marx sind immer noch so mächtig, daß seine Nachfahren sich scheuen, für eine neue Zeit das Neue zu denken. So versuchen sie, die Wirklichkeit so lange zu verändern, bis sie zu den zur Ideologie erstarrten Gedanken zu passen scheint.

Märtyrer Früher machte die Partei (DKP) aus Disziplinarverfahren gegen Beamte, die als DKP-Aktivisten schwerlich ihrer Pflicht nachkommen konnten, jederzeit für die freiheitliche demokratische Grundordnung einzutreten, eine Vorführung von Märtyrern.

Mob, organisierter Offenbar kann kein amerikanischer Präsident mehr Berlin besuchen, ohne daß sich dort ein organisierter Mob austobt. Und Politiker, die sich demokratisch nennen, erleichtern das mit nicht zu verantwortenden Aufmärschen.

Neonazismus Der Tod von R. H. hat, auch in Zeitungen westlich verbündeter Länder, zu Aufwallungen geführt: Der Neonazismus erhebe sein Haupt. Aber was war da wirklich? Am Abend der Todesnachricht sind ein paar Leute zum Gefängnis nach Spandau gegangen. Sie haben hingeschaut – so wie manche Menschen das tun, wenn irgendwo etwas geschehen ist, was ans Gemüt greift oder auch die Sensationslust weckt. «Neonazis» müssen das nicht alle gewesen sein.

NPD Aufregung über sie ist nicht am Platze.

Prominente, sogenannte Das eine ist, daß sogenannten Prominenten, die sich unter die Blockierer, also Nötiger, begeben haben, vor Amtsgerichten unübliche Verhandlungen gegönnt wurden mit stundenlangen Erklärungen über außerhalb der Gerichtskompetenz liegende Fragen wie die nach dem besten Weg zur Sicherung des Friedens.

Protestierende Man darf sich von dem lächerlichen Opportunismus der ewig Protestierenden, die bald dieses, bald jenes als Agitationsobjekt hochstilisieren und die gegenwärtig den Wald samt dem sauren Regen offenbar vergessen haben, nicht täuschen lassen.

Protestpotential, gedankenloses das nach dem Ende der Friedensbewegung auseinanderzufallen drohte, (wird) über neue Mobilisierungsthemen (Volkszählung) zusammengehalten.

Rücksichtslosigkeit Eine gewisse Rücksichtslosigkeit gegenüber Formen (auch gegenüber Denkmälern der Vergangenheit) reicht für die Erfüllung des Kriteriums «links» kaum aus.

Hinweise für die Praxis

Dem Konservativen ist niemand so wesensfremd wie der Extremist – denn jener hat all das, was dieser sucht oder ihm wegzunehmen sucht: Einfluß, öffentliche Aufmerksamkeit und ein halbwegs gesichertes Weltbild.

Extremismus, das ist der Abfallkorb, in den alle politischen Elemente gehören, die beim besten Willen nicht ernst oder ironisch genommen werden können.

(In Einzelfällen kann es angebracht sein, den Extremisten als möglichen Verbündeten in der Zukunft zu betrachten – viele bedeutende Konservative sind in ihrer Jugend Rebellen gewesen.)

Auch im Abfallkorb kann sortiert werden: Extremismus rechts ist eher harmlos, Extremismus links extrem gefährlich – weil dieser nach der alles vernichtenden Emanzipation lechzt! Ansonsten gilt: Rechts gleich links.

Übungen

Übung 1:
a) Wer ist schuld am Extremismus, rechts oder links?
b) Warum?
Übung 2:
a) Was sind Marxisten stets?
b) Was zeichnet alle Linken aus?
c) Was ist typisch nur für Linke?
Übung 3: *Woraus besteht das linke Repertoire?*
Übung 4: *Wer fördert den Rechtsradikalismus?*
Übung 5: *Wer ist am Geschwätz über die «Null-Lösung» schuld?*
Übung 6: *Machen Sie, wenn nötig, den Gegnern ihr Alter zum Vorwurf (aber nicht so, daß es zu Verwechslungen – z. B. mit dem Präsidenten der USA – kommen kann)!*

Merksätze

Sogenannte Demonstranten.

Linksextreme, die auf einer Erststimmen-Liste unterschlüpfen, dürfen nicht mit Rechtsextremisten in einen Topf geworfen werden, die sich mit der Sechsstelligkeit ihrer Zweitstimmen brüsten.

Von Mutlangen bis Wackersdorf heißt Widerstand, was bei nüchterner Betrachtung Tatbestände von grobem Unfug bis zu klassischem Landfriedensbruch erfüllt.

Die Rechte ist seit langem unbedeutend.

Sogenannte Friedensbewegung.

DIE ARBEITNEHMER

Lesetext 1: Das Schicksal der Menschen damals (Zeit der Weber-Aufstände) und heute ähnelt sich zwar, und doch ist es ganz anders: Der Stahlarbeiter des Jahres 1987 fällt nicht mehr in den kalten Schacht einer das Leben bedrängenden Not. Dennoch ist Arbeitslosigkeit auch heute für die Menschen, die davon betroffen sind, ein tiefer Einschnitt in ihrem Leben. Da entsteht die Angst vor der Zukunft, Emotionen werden wach; sie verdichten sich zu einer Welle radikalen Gefühls, das andere in die Pflicht nehmen möchte, die Unternehmer, den Staat, die Gemeinschaft ... Die Radikalität der Proteste steht in keinem rechten Verhältnis zur Zahl der wirklich von Not Bedrängten.

Lesetext 2: Aber je größer die Firmen, je unüberschaubarer die Konzerne, desto eher entsteht bei den Arbeitern der Eindruck, in der Krise treffe es nur sie, während die Kapitäne in den Vorständen sich jederzeit in Sicherheit zu bringen wüßten ... Was jetzt zählt, ist, daß den Arbeitern das Gefühl gegeben wird, man lasse sie nicht im Stich.

Lesetext 3: Die Arbeitnehmer in den achtziger Jahren dieses Jahrhunderts sind Mitglieder einer informierten Gesellschaft. Sie sind aufgeklärt über die Quellen der Erfolge, an denen sie teilhaben.

Sachkunde: Arbeitslosigkeit

Das Gespenst der Arbeitslosigkeit.

Mit Globalstrategien ist diesem Phänomen nicht beizukommen.

Das Schicksal jedes einzelnen Arbeitslosen ist wichtig. Aber...

Den betroffenen Arbeitnehmern ist sicherlich jede Hilfe zu gönnen... Aber...

Niemandem fehlt das Verständnis für Arbeitnehmer, die Grund für die Annahme haben, daß ihre Arbeitsplätze gefährdet sind. Aber...

Man gönnt den Bergleuten und Stahlkochern die Löhne und die Abfindungen. Aber...

Nicht der Staat ist für die Arbeitslosigkeit verantwortlich, sondern die Gewerkschaften selbst tragen mit ihren Lohnforderungen für die in Arbeit und Brot Stehenden dazu bei, daß andere draußen vor der Tür stehen.

Zu Schwarzmalerei besteht also kein Anlaß, aber auch nicht zu Hoffnungen auf Abbau der Arbeitslosigkeit.

So bitter diese Tatsachen sind – Schwarzmalerei ist fehl am Platze.

Vokabeln und Redensarten

Angestellte waren schon in früherer Zeit kaum einmal radikale Klassenkämpfer. Heute sind sie es weniger denn je.

Arbeiter der heute die Existenz eines kleineren bis mittleren Bürgers führt.

Bauarbeiter Nun ballen die Bauarbeiter die Faust nicht nur in der Tasche.

Facharbeiter, denen die Taucher-Reise in die Karibik eine achselzuckend hingenommene Selbstverständlichkeit ist.

Hammer Immer weniger Menschen arbeiten mit Hammer und Schippe oder an der Werkbank, immer mehr sitzen hinter Schreibtischen und vor allem an Computer-Konsolen.

Lebensarbeitszeit Das Rentensystem muß entlastet werden. Dazu gehört es, die Lebensarbeitszeit zu verlängern und die Anpassungsformel restriktiv zu gestalten.

Leute Die Leute möchten das, was sie leisten, auch zu Marktkonditionen «verdienen». Wer sie zu Kostgängern macht, kehrt die Aggression der Unterstützten gegen sich selbst.

Leute, angenehm lebende Es hat keinen Sinn, angenehm lebenden Leuten einreden zu wollen, sie litten Not – wozu auch das Gegenbild der im Luxus lebenden «Reichen» gehört. Gewiß, es gibt das, aber als Einzelerscheinungen. Es gibt, die Wählerzahlen sind größer, hart arbeitende Menschen, jenseits jeden Gedankens an eine 35-Stunden-Woche.

Nüchternheit, diskrete ... ist es einigermaßen paternalistisch, Arbeitswillige und Streikende in ein Schema von Gut und Böse zu fassen und die «Guten» zu belohnen. Solche moralischen Kategorien mag die Gewerkschaft verwenden. Arbeitgebern steht Nüchternheit besser an. Arbeitgeber, die das anders sehen, mögen im übrigen Lob und Tadel diskreter ausdrücken als mit feierlichen Prämien. Möglichkeiten, *z. B. der Beförderung und der Entlassung,* gibt es genug.

Schutz Nun wird niemand die Absicht in Frage stellen, möglichst alles für den Schutz der arbeitenden Menschen zu tun. Das aber ist Aufgabe der Arbeitgeber in Zusammenarbeit mit den Gremien der Arbeitnehmer und mit der behördlichen Aufsicht. Wo hier Raum für ein staatliches Forschungsprogramm sein soll, ist schwer auszumachen.

«Tag der Arbeit» Der Tag verpflichtet um so mehr zu einer gewissen Radikalität, als die Zahl der Arbeitnehmer zunimmt, die an einem so günstig liegenden «Tag der Arbeit» einen Kurzurlaub in irgendwelchen fernen Weltgegenden einlegen.

Vermögensbildung durch eine Ansammlung von Produktivvermögen in der Hand der Arbeitnehmer diese Schicht stärker in dem jungen freiheitlichen Staat verankern.

Vorruhestand Der jetzt praktizierte Vorruhestand ist Schnorrerei auf Kosten der Allgemeinheit.

Hinweise für die Praxis

Arbeitnehmer sind grundsätzlich nicht benachteiligt, sie fühlen sich höchstens benachteiligt.

Wer benachteiligt erscheint (z. B. durch Arbeitslosigkeit), ist nicht ein Opfer der wirtschaftlichen Entwicklung (des Marktes usw.), sondern ein Spielball des Zufalls. Oft genug ist er sogar selbst verantwortlich für sein Unglück, weil er entweder den falschen Beruf ergriffen oder sich ungenügend qualifiziert hat.

Arbeitnehmer haben oft noch Minderwertigkeitskomplexe. Daher sollten ihre Moral und ihre Mentalität durch konservativen Zuspruch gehoben werden.

Geben Sie niemals die Hoffnung auf, Arbeitnehmer, die nicht in der Gewerkschaft sind, mit lobenden Worten und materiellen Vorteilen auf unsere Seite zu ziehen!

Übungen

Übung 1: *Wie nennen Sie Arbeitnehmer, die nicht auf* radikales und klassenkämpferisches Pathos ... ihrer Interessenvertretung *hören?*

Übung 2: *Begründen Sie, warum die Entlassung von 3000 Arbeitern letztlich ein humaner Akt ist!*

Übung 3: *Was wird gefährdet, wenn SPD-Politiker die Erhaltung bestimmter «Stahlstandorte» fordern?*

Übung 4: *Wie nennen Sie die Jugendlichen, die keinen Ausbildungsplatz bekommen?*

Übung 5: *Bezweifeln Sie, daß Arbeiter überhaupt noch soziale Gefühle haben!*

Übung 6: *Plädieren Sie für drastische Lohnsenkungen – im Interesse der Arbeitnehmer!*

Merksätze

Unsere Arbeitswelt wird immer komplizierter.

Mit Klassenparolen dürften die Arbeitnehmer heute nicht mehr zu gewinnen sein.

Am Arbeitsmarkt ist kaum Bewegung. Doch ganz so hoffnungslos ist die Lage nicht.

21. T A G
DIE GEWERKSCHAFTEN

Lesetext 1: Die Flucht aus der Realität wird oft durch die Furcht angetrieben, daß die Anerkennung der Marktwirtschaft eine Partnerschaft mit den Arbeitgebern einschließen würde, die für Gewerkschaften nur noch Unterordnung, nicht aber mehr selbständiges, profilierendes Handeln bedeuten könnte. Offenbar ist hier ein Minderwertigkeitskomplex im Spiel, der den Gewerkschaften seit jenen Zeiten anhaftet, in denen ihre Existenz durch Unterprivilegierung und Verfolgung gekennzeichnet war. In der freien Ordnung der Bundesrepublik hat sich ihre Position grundlegend geändert; eine ungewöhnliche Fülle von Macht hebt sie gegenüber anderen Organisationen hervor. Das müssen sie endlich begreifen und sich von alter Ideologie und traumatischen Erinnerungen befreien.

Lesetext 2: Ruhiges, sachliches Argumentieren zählt in vielen Fällen nicht. Massenproteste, vielleicht sogar mit foto- und telegenen gewaltsamen Übergriffen gelten als ideal... Diese Entartungserscheinungen in der demokratischen Willensbildung sind das Ergebnis eines Lernprozesses. Regierungen haben sich immer wieder als erpreßbar erwiesen. Wer die Daumenschrauben am besten anzulegen und zuzudrehen versteht, erzielt die größten Erfolge.

Lesetext 3: Politisch und tarifpolitisch haben Gewerkschaftsfunktionäre versagt. In unerträglicher Weise halten sie vor den Stahlwerkern radikale Reden, statt zu dämpfen und aufzuklären. Sie sollten einmal über den Widersinn nachdenken, in einer todkranken Industrie über Jahre hinweg Löhne zu fordern, als ob die Unternehmen noch in voller Blüte ständen. Sie haben bedrohte Unternehmen noch belastet und bei den Arbeitern die böse Illusion der sicheren Arbeitsplätze geschürt.

Sachkunde: Die Funktionäre

Gewerkschaftsfunktionäre entfernen sich beständig von der Wirklichkeit.

Gewerkschaftsfunktionäre fühlen sich als Interessenvertreter der Arbeitsplatzbesitzer.

Gralshüter eines überholten Radikalismus.

Einzelne Funktionäre, ... die sich vom Hochmut und von dem Hang zum Wohlleben haben leiten lassen.

Den Gewerkschaftsführern sollte dennoch bewußt sein, daß sie mit brisantem Material hantieren.

Unter den Propagandisten früher und harter Streiks (finden sich) jene politischen Vorhuten, die aus der Republik einen anderen Staat machen wollen.

(Der IG-Metall-Vorsitzende treibt) ein gefährliches Spiel mit dem Feuer des Klassenkampfes.

S. fühlt sich offensichtlich einer radikalen Tradition mehr verpflichtet als dem Gedanken an eine zukunftsträchtige Gestaltung sozialer Beziehungen.

Das Herz der Funktionäre, so muß der Unvoreingenommene schließen, schlägt allein für die Schnorrer.

Vokabeln und Redensarten

Arbeitsplätze Daß sie unrentabel sind, ist nicht zuletzt auf die Personalkosten zurückzuführen, für die die Gewerkschaften Mitverantwortung tragen.

Arbeitszeit Hier wird ein Wandel offenbar, den führende Gewerkschafter verdrängen wollen: Einfache Lösungen sind nicht mehr möglich.

aufputschen IG Metall, die sich selber und die Mitglieder aufputscht.

aufreizen Wer aber in dieser Situation als Politiker oder Gewerkschafter die verzweifelten Arbeiter zu blindem Zorn aufreizt, statt sie über die Lage aufzuklären, wie sie ist, und konstruktiv bei Lösungsversuchen mitzuwirken, der handelt unverantwortlich.

Beiträge Es ist zu fragen, ob eine deutsche Gewerkschaft legitimiert ist, die Beiträge ihrer Mitglieder so zu verwenden (finanzielle Hilfe für südafrikanische Bergarbeiter).

Besitzstand In diesem Klima (des permissiven Pluralismus)... gibt es Gewerkschaften, die es als ein Gebot der Solidarität betrachten, den Besitzstand der Inhaber von Arbeitsplätzen auf Kosten der Arbeitslosen zu erhalten und zu mehren.

Drohungen Abbruch der Tarifverhandlungen... ist die logische Konsequenz aus ihrer (der IG Metall) Taktik des Forderns, der Verweigerung, der Warnstreiks, der Drohungen mit dem Arbeitskampf–.

Druck Nicht Vernunft, sondern Druck durch Arbeitskampf ist für S. offenbar der wirkungsvolle Weg.

Füllhorn Das gute Einvernehmen von Tarifparteien wird auf eine harte Probe gestellt, wenn das Füllhorn austrocknet oder gar Abstriche von Errungenschaften nicht mehr auszuschließen sind.

Gräben Da (in Zeitungen der Gewerkschaft) wird der Eindruck erweckt, als ob eine freiheitliche Wirtschaftspolitik «Systemveränderung» im Sinne eines Abbaus von Demokratie bedeutet. Es wird von «Herrschaftsmodellen» geschrieben und so getan, als ob Arbeitnehmer in einer Art neuer Knechtschaft lebten und für alle Arbeitslosen die totale Verelendung ein unausweichliches Schicksal sei. Hier werden also wieder Gräben ausgehoben; von sozialer Friedlichkeit keine Spur.

Haltung die bekannte militante Haltung (der IG Metall).

Ideologen an der Basis.

Ideologie, museale Hinter solcher Gesinnung steckt ein bemerkenswert großer Rest musealer Ideologie.

Kampf Die Menschen in der Bundesrepublik wollen nicht den Kampf, auch nicht zwischen Tarifparteien.

Kampf *ist* Anachronismus.

Kampfattitüde mag angebracht gewesen sein in Zeiten der Not.

Kampfgehabe, sinnloses nimmt den Gewerkschaften die Reputation.

Kampfgesänge IG Metall und IG Druck... tun sich Jahr für Jahr mit dem Anstimmen von Kampfgesängen hervor.

Kampfgeschrei

Kriegsbeil von der IG Metall ausgegraben.

Position, stabile Die Nachfahren jener Klassenkämpfer sind in der IGM von heute noch in einer stabilen Position.

Pragmatiker F. S. gibt sich an der Spitze der IG Metall als Pragmatiker.

Prügeln IG Metall (erweckt) den Eindruck, ohne vorheriges Prügeln könne es... keine Einigung mehr geben.

Radikalismus die für ihren Radikalismus bekannte Organisation.

Radikalität Wer moderne und intelligente, von den Erfolgen der freien Wirtschaftsordnung unmittelbar berührte Arbeitnehmer anwerben will, muß aller ideologischen Radikalität Lebewohl sagen. Eine Gewerkschaft muß sich entscheiden: für die Zustimmung der Radikalen oder für das Wohlwollen einer breiten Schicht von Angestellten und hochqualifizierten Facharbeitern.

Rechnereien Jeder, der etwas von Kosten-Ertrags-Kalkulationen versteht, weiß, daß die Rechnereien um den angeblichen Beschäftigungseffekt der Arbeitszeitverkürzungen in keinem normalen Wirtschaftsbereich aufgehen.

Schadenfreude Wenn nun im DGB der Glaubenskrieg (über Atomkraftwerke) ausbricht, ist Schadenfreude nicht angebracht. Frohlocken von der «falschen» Seite würde den Besinnungsprozeß in den Gewerkschaften nur erschweren.

Stil, klassenkämpferischer warum in der Metallindustrie der Abschied vom klassenkämpferischen Stil... nicht möglich sein sollte.

Systemveränderer (In der IG Druck) führen Systemveränderer, die im Schulterschluß mit Kommunisten stehen, das große Wort.

Systemveränderung Doch die Öffentlichkeit sollte hellhörig werden, wenn Systemveränderung als gewerkschaftliches Ziel postuliert wird und Gemeinwirtschaft à la Steinkühler die ganze Volkswirtschaft erfassen soll.

Unbehagen Die «Außenpolitik» einer deutschen Gewerkschaft (*betr.* Hilfe an südafrikanische Bergarbeiter) wird Unbehagen auslösen.

Wandlungen sind sicherlich nicht schnell und schon gar nicht auf dem offenen Markte möglich.

Zukunft Doch wenn die Köpfe in der Vergangenheit steckenbleiben, wenn Legitimation durch radikale Parolen und die Drohung mit den zur Verfügung stehenden Machtmitteln gesucht wird, kann die Zukunft nicht gewonnen werden.

Hinweise für die Praxis

Die Gewerkschaftsidee mag in schlechten Zeiten berechtigt gewesen sein, in der heutigen Wohlstandsgesellschaft ist sie ein Anachronismus. Niemand weiß besser, was für die Arbeitnehmer gut ist, als der Unternehmer. Er zeigt Vernunft, die gewerkschaftlich Organisierten dagegen wissen nicht einmal, was Vernunft ist. Sie machen nur Druck, unablässig.

Es ginge uns allen besser, wenn es keine Gewerkschaften gäbe.

Der soziale Frieden wird allein von Gewerkschaften, namentlich von ihren Funktionären gefährdet.

Gewerkschaften stören nur. Ihre Vertreter sind fast ausnahmslos unvernünftig, maßlos, radikal.

Für die Arbeitslosigkeit und andere wirtschaftliche Mißstände sind die Gewerkschaften verantwortlich zu machen, die mittels der von ihnen erpreßten Lohnerhöhungen immer mehr Arbeitsplätze abbauen, um dann nach systemverändernden Maßnahmen zu rufen.

Formulieren Sie stets offensiv, polemisch! Aber lassen Sie sich von den gutbezahlten Provokateuren nicht provozieren!

Immer noch gilt die alte Regel: Der Pöbel ist nur fürchterlich, wenn er sich nicht fürchtet.

Übungen

Übung 1: *Was fragen Sie, wenn der DGB-Vorsitzende spricht?*
Übung 2:
a) *Was sind die Erwartungen der Gewerkschaften stets?*
b) *Was sind die Forderungen stets?*
c) *Wie nennen Sie gewerkschaftliches Denken?*
d) *Formulierung für Gewerkschaftsnähe?*
e) *Was muß allein die Gewerkschaft zeigen?*
Übung 3:
a) *Wie nennen Sie Mitteilungen der Gewerkschaften?*
b) *Wie nennen Sie es, wenn z. B. von «Koalition zwischen Kabinett und Kapital» gesprochen wird?*
b) *Und die Drohung mit Streiks?*

Übung 4:

a) Zeigen Sie auf, daß gewerkschaftliche Tätigkeit im Kern unmenschlich ist!

b) Weitere Beispiele!

c) Formulieren Sie: Den Urlaub im Lande verderben sie uns auch noch!

Übung 5:

a) Wie vermeiden Sie es, bei Streiks usw. von Arbeitern oder Angestellten zu sprechen?

b) Schieben Sie, wenn überraschend Angestellte sich streikbereit zeigen, alles auf die (überraschten) Funktionäre!

c) Werten Sie prophylaktisch die Arbeitnehmer ab, die froh sein sollten, noch einen Arbeitsplatz zu haben!

Übung 6:

a) Loben Sie die Gewerkschaften hin und wieder – aber nur ihre Vergangenheit!

b) Wie nennen Sie die wenigen in den Gewerkschaften, die uns nahestehen?

Merksätze

Gewerkschaften müssen weder gegen die nackte Not der Mitglieder noch sollten sie um das Überleben der eigenen Organisation kämpfen.

Da bedarf es ... nicht der Provokation, die hitzige Stimmungen noch anheizen.

Es ist zu hoffen, daß die IG Metall die Geister, die sie nun ruft, auch wieder los wird.

Was ihnen (den Gewerkschaften) fehlt, ist das Gefühl für Wandlungen, die Vision einer neuen Zeit.

Zukunft ... ist nicht mit Ideologien und radikalen Reden gegen Regierungen und Arbeitgeber auf Mai-Kundgebungen zu gewinnen.

22. T A G
SICHERHEIT UND
RECHT UND ORDNUNG

Lesetext 1: Wie ist es, wenn jemand, der das private Eigentum an Grund und Boden mißbilligt, sich mit Freunden vor den Eingang zu einem Bungalow-Grundstück setzt, um vorzuführen, keiner habe das Recht, sich vom Grund und Boden einen zu großen Anteil herauszuschneiden (immerhin gab es in der SPD Pläne, das Eigentum an Grund und Boden zu einem bloßen Nutzungsrecht zu verwandeln)? Ist dann Nötigung nicht gegeben, wenn der Hauseigentümer von rückwärts über den Zaun klettern und wenigstens so, wenn auch vielleicht mit zerrissenen Hosen, auf sein Grundstück gelangen kann?

Lesetext 2: Zum Beispiel wird nicht wegen eines Einbruchs in eine Garage, aus der ein Satz Winterreifen gestohlen wurde, der ganze Polizeiapparat in Bewegung gesetzt. Deshalb wird sich ein Einsatzleiter hüten, wenn er mit zehn Polizisten gegen hundert Vermummte steht, anderes als die Aufgabe wahrzunehmen, das Mögliche für die Erhaltung von Sicherheit und Ordnung zu tun.

Lesetext 3: Ist die Rechtsstaatlichkeit auch in einem Gefühl verankert, das «Zutrauen» genannt zu werden verdiente?... Zutrauen kann er (der Bürger) nicht entwickeln, denn was letzlich nur verwirrend ist, das gestattet keine Annäherung des Gefühls. Zu bessern ist hier nichts, denn Gefühle lassen sich nicht reformieren.

Sachkunde:
Der rechtsfreie Raum (Hafenstraße Hamburg)

In einigen Häusern, nicht irgendwo am Rande der Stadt, sondern dort, wo einer ihrer Lebensnerven liegt, haben sich Leute eingenistet, die kein Recht dazu hatten.

Sonderbare Bewohner.

Leute von der Art der Hafenstraßen-«Besetzer», die nicht einmal das Mindestmaß von Einordnung in einen milden Sozialstaat aufbringen, gibt es, und auch sie müssen irgendwo ein Dach über dem Kopf haben. Für sie gilt freilich, was für alle gilt: sie haben Miete zu zahlen.

Die Bewohner...haben gezündelt. Sie haben sich als eine autonome Insel in einer Ordnung verstanden, die gerade deshalb, weil sie viele Freiheiten gewährt, eines Minimums von Ordnung bedarf.

Die Gefahr eines «Bürgerkriegs», vor der sich so viele ängstigen, wird nicht dadurch geringer, daß Behörden und hohe Senate die Willkür entschlossener Rechtsbrecher immer gefügiger ertragen. Die Gefahr ist nur dadurch abzuwenden, daß der demokratisch legitimierte Staat auch die Grenzen der Toleranz markiert und seinen Willen zur Selbstbehauptung vorführt.

So, wie es um die staatliche Autorität hierzulande nun einmal bestellt ist, kann der Ausgang des Trauerspiels in der Hamburger Hafenstraße nicht überraschen.

Das Recht auf «alternatives Wohnen» hat gewaltbedingt den Vorrang.

Dieser Unruheherd wird sich bei nächster Gelegenheit – die Ursachen können ganz woanders liegen – wieder bemerkbar machen. Auf der Strecke geblieben ist, wie schon so oft, der Rechtsstaat und mit ihm der Rechtsfriede. Er hat seinen Preis; indes: wer ihn heute nicht erlegen will, wird ihn morgen zu zahlen haben.

Soll also der Mieter, ohne Folgen für ihn, die Mietzahlung ein-
stellen dürfen, etwa weil er die Miete zu hoch findet, und zwar
jenseits der vom Staat vorgesehenen Konfliktlösungsmöglich-
keiten bis hin zum Gericht? Soll der Falschparker, von dem ein
Ordnungsgeld verlangt wird, das zu einem «sozialen Konflikt»
außerhalb des staatlichen Regelungsfeldes machen dürfen? Soll
er also zum Beispiel sein Automobil quer auf die fragliche Straße
stellen dürfen, so lange, bis die Verhandlungen mit der Ord-
nungsbehörde den «sozialen Konflikt» auf eine den Autofahrer
zufriedenstellende Weise gelöst haben?

Soll... wer sich über Regeln hinwegsetzt, auch noch belohnt
werden?

Man hat sich in Hamburg daran gewöhnt, daß die Hafenstraße
eine Art offene Wunde ist, die mit den Wundermitteln der neu-
zeitlichen Politik nicht zu heilen ist. Dabei hätte die Politik Mittel zur Verfügung, mit dem Schluß zu machen.

Über eine Veränderung der Ordnung beschließt die Mehrheit,
nicht eine gewalttätige Minderheit.

Vokabeln und Redensarten

Ansteckung   Da solches Verhalten (das Übertreten der
Vorschriften im Straßenverkehr) ansteckt, verbreitet es
sich schnell. Wer nicht mitmacht, ist dumm, ein undy-
namischer Spießbürger oder – noch schlimmer – ein
Reaktionär, der von Recht und Ordnung träumt.

Anteil   die prominenten «gewaltfreien» Widerständler
schmälern den kleinen Leuten deren Anteil am recht-
lichen Gehör.

Besinnung   Aber wichtiger (als das Vorgehen der Polizei) ist die Besinnung darauf, wer eigentlich in unserem
Staat welchen Platz einnimmt.

Betreiber Dabei sind die Betreiber der Lockerung der Strafrechtsordnung und der Individualisierung der Gesellschaft durch extremen Datenschutz durchaus gegenwärtig.

Bequemlichkeit Der Grundsatz: mehr helfen als strafen, beansprucht einen besonderen, humanen Rang; oft aber steckt dahinter nichts anderes als Bequemlichkeit.

Bild von der Justiz Aber nur die Deutschen würden, nach ihrem Bild von der Justiz gefragt, an Franz Kafka denken. Dieses Unbehagen am Rechtsstaat ist Ausdruck eines Mangels an Rechtskultur.

Blickfeld Daß da harmlose Leute mit ins Blickfeld kommen (wenn die DKP vom Verfassungsschutz beobachtet wird), ist unvermeidlich.

CSU die bockige Ruferin nach Recht und Ordnung.

Demonstrationen ... der Punkt erreicht, da es nicht mehr genügt, über Gewalt bei Demonstrationen bedrückt oder «betroffen» nachzudenken – ohne erkennbare Folgen.

Dinge, vergessene Es sind vergessene Dinge – die Beschäftigung von Verfassungsfeinden im öffentlichen Dienst.

Druck Das Heranführen von Gesinnungsfreunden mit dem erkennbaren Ziel, Druck auf das Gericht auszuüben, ist, um das mindeste zu sagen, ungehörig.

Entartungen Das Recht, sich unter freiem Himmel friedlich zu versammeln, will niemand antasten. Aber die Entartungen, fast sieht es so aus, als werde das Wort «Demonstration» ... zu einem Synonym dafür, müssen mit Entschiedenheit bekämpft werden.

Gesetzesgehorsam In Zukunft soll offenbar Gesetzesgehorsam erbeten werden, (weil) für das Gesetz auf Reklameflächen geworben (wird).

Gesetzesverdrossenheit Und so wurde die Straße zur offenen Schaubühne für eine Gesetzesverdrossenheit, die allerdings weit über sie hinausgreift.

Herumfragen Das Herumfragen in der Nähe eines Staatsbediensteten ist keine erfreuliche, aber eine notwendige Sache.

Käufer Es gibt Käufer, die arbeiten und die nur am Samstag einkaufen können. Die Versammlungsfreiheit ist ein Grundrecht, aber seine Ausübung ist abzuwägen gegenüber Grundrechten von Nicht-Demonstranten.

Kränkung Der gebetsmühlenhafte Aufruf, das durchaus ausreichende geltende Recht müsse endlich angewandt werden, ist im Kern nichts als eine Kränkung der Polizei.

Liberalität Die einen wollen unter dem Signum der Liberalität die Gefährdung unbeteiligter Personen in Kauf nehmen, die anderen heben die Pflicht des Staates hervor, möglichst viel Sicherheit zu bieten.

Mut Ob das Verbot öffentlicher Befürwortung von Gewalt viel bringt, darüber mag man streiten. Hier käme es darauf an, ob die Behörden Mut aufbringen, «Alternativ-Zeitschriften», die verschmitzt-versteckt Straftaten empfehlen, vor Gericht zu ziehen.

Nötigung, indem Gesinnungsfreunde herbeigerufen werden, damit eine entsprechende Stimmung im Gerichtssaal entsteht.

Pflicht und Opfer Dennoch haben die Gegner der Staatsordnung, die auch und gerade als Demokratie handlungsfähig sein muß, doch einen gewissen Erfolg erzielt: die Erfüllung der kleinen Pflicht der Volkszählung gilt schon als ein großes Opfer.

Pluralismus Gerade wer Pluralität zuläßt, muß deshalb fordern, daß es bei der Pflicht zur Gesetzesbefolgung keinen Pluralismus geben darf.

Polizei Die Polizei hat in Wirklichkeit namens des Staates für die Ordnung zu sorgen, innerhalb deren sich die Auseinandersetzung der Interessen und Meinungen vollzieht.

Rechtsbruch Das Verzeichnis der Verhaltensweisen, welche die subjektive Mißbilligung staatlichen Handelns mit individuellem Rechtsbruch beantworten, ist lang.

Rechtsstaat (das Wort fängt an, ein bißchen mulmig zu wirken)

Richter, politisierende Der politisierende Richter ist heute eine alltägliche Erscheinung.

Rufer für Recht und Ordnung Innenminister Z., der es als Rufer für Recht und Ordnung ohnehin schwer hat, sich gegen den Vorwurf zu verteidigen, die Todesstrafe zu befürworten.

Sicherheit, innere Die Union will die auf Sicherheit bedachten Biertischbürger schützen, die FDP möchte auch die mit unkonventionellen Mitteln (grob gesagt: mit ein bißchen Gewalt) vorangetriebene «Diskussion» wenigstens so lange respektieren, wie FDP-Wähler in ihren Stadtrandhäusern nicht durch steinewerfende Demonstranten inkommodiert werden.

Sicherheit, innere in unserem Land auf den Tiefpunkt gesunken.

Spielregeln Die Nation verinnerlicht die Spielregeln des Fußballs; die Spielregeln des Rechtsstaates werden als «formaljuristisch» abgetan oder gar verunglimpft, wenn sie das gewünschte Ergebnis nicht liefern.

Strafverfahren Seltsam, daß niemand von all denen, welche die Aufnahme der vierzehn Chilenen verlangen, davon spricht, bei uns müßten dann Strafverfahren gegen sie eingeleitet werden. Ist man erst einmal in der Bundesrepublik, hat es kein Gewicht mehr, ob man gemordet hat – so kann es ja wohl nicht zugehen in unserem Staat.

Terroristen bei der Polizei die bisher erfolglose Fahndung nach Terroristen bei der Polizei (sollte) verbessert werden.

Verfassungsschutz nur mit kontinuierlichem, ruhigem Arbeiten in der Stille (kommt diese Behörde) zu etwas.

wuchern, politisch Doch nun beginnen die Räder der archäologischen Notgrabung politisch zu wuchern. «Demonstranten» haben die Baustelle (auf dem ehemaligen jüdischen Ghetto in Frankfurt) «besetzt» ... Neu nachdenken über diesen Boden der Stadt kann man aber nur, wenn alle, die gehört werden wollen, auf Erpressung verzichten und zeigen, daß sie geltendem Recht gehorchen. Sonst steht mehr auf dem Spiel.

Hinweise für die Praxis

Ordnung ist nötig, weil sie das Gegenteil von Chaos ist.
Sicherheit und Recht und Ordnung sind die Grundpfeiler des Staates.
Diese Pfeiler werden angegriffen von Demonstranten (also Erpressern) aller Schattierungen.
Die Demonstration, obwohl vom Grundgesetz grundsätzlich gebilligt, hat sich zum schlimmsten Krebsgeschwür entwickelt, das fast ungestört in unserem Rechtsstaat wuchert.
Da nur Konservative ein festes Bild vom Staat haben, sind sie allein berufen, Recht und Ordnung zu verteidigen. Diese Verteidigung darf sich nicht in markigen Worten erschöpfen. Gesetzgeber, Justiz und Polizei brauchen Rat und Tat!

Übungen

Übung 1:
a) Machen Sie deutlich, daß die größte Gefahr für den Rechtsstaat vom Demonstrationsgewese *ausgeht!*
b) Oft genügen Anführungsstriche und Ironisierungen!

Übung 2: *Unterstellen Sie Liberalen und Sozialdemokraten immer wieder ein gestörtes Verhältnis zur Rechtsstaatlichkeit!*

a)Den Liberalen!

b) Wie benutzt die SPD das Wort vom Rechtsstaat?

Übung 3: *Was darf man oder muß man fragen, wenn ein Bundesverfassungsrichter der SPD nahesteht, aber niemals, wenn er CDU- oder CSU-Anhänger war oder ist?*

Übung 4: *Welche Eigenschaftswörter geben Sie der Polizei?*

Übung 5:

a) Finden Sie die richtigen Worte für Gesetzesübertretungen, die von natürlichen oder juristischen Personen begangen werden, die uns nahestehen!

b) Machen Sie, wenn nötig und möglichst ironisch, Vorschläge zur Umgehung von Gerichtsurteilen, aber betonen Sie dabei Ihre Rechtstreue!

c) Äußern Sie Verständnis für kartellähnliche Absprachen!

Übung 6: *Zeigen Sie Einsicht in die Psyche von Sicherheitsbeamten usw. – aber bitte nur denen des Ostblocks!*

Merksätze

Die Bundesrepublik Deutschland ist ein Rechtsstaat. Das wissen ihre Bürger – aber glauben sie es auch?

Kollektive aller Art üben heutzutage mit öffentlichen Bekundungen Druck auf die Justiz aus. Da sollte jeder den Eindruck vermeiden, er füge etwas hinzu, was jedenfalls wie Druck aussieht.

Man muß die Vermummten erst einmal erkennen können.

Das ungreifbare Phänomen Gerechtigkeit.

23. T A G

GEWALT UND VERBRECHEN

Lesetext 1: Schlummerndes Verbrechenspotential wird wahrscheinlich in vielen Fällen aktiviert durch das ständig erneuerte und angeheizte Klima von Klassentrennung und Klassenhaß (in England). Den arbeitslosen Briten, Karibiern und Pakistanis wird von der politischen Linken eingeredet, daß die Regierung nichts für sie übrig habe, die staatlichen Sozialleistungen und die sozialen Einrichtungen der Gemeinde nicht verbessere, auch keine Arbeitsplätze schaffe und statt dessen den «Reichen» großzügige Steuergeschenke mache. Wie viele Jugendliche oder Erwachsene sind in der Lage, aus solchen Behauptungen nach Sinn und Unsinn zu trennen?

Lesetext 2: Es gibt einen Anteil an der Bevölkerung, dem ein gewisses Maß von privater Gewalt, was freundlich «ziviler Ungehorsam» genannt wird, als entschuldbar oder gar angezeigt gilt. Solchen Fehlansichten kann nur der Gesetzgeber entgegenwirken.

Lesetext 3: Bescheidenheit... kann Unzufriedenheit, Neid und Haß verringern und die Klassenschranken niedrig halten. Ärmliche wirtschaftliche und soziale Verhältnisse können dann von skrupellosen Politikern nicht so leicht zum Aufreizen und Aufhetzen der Menschen benutzt werden. Nur eine Gesellschaft, die zu einer derartigen Humanität findet, hat die Chance geringerer Kriminalität.

Sachkunde:
Die Gewalt des Sitzens

Daß «Gewalt» nicht im Zuschlagen bestehen muß, sondern in einer Behinderung durch scheinbar passives Verhalten liegen kann, hat vor dem Ersten Weltkrieg das Reichsgericht in seinem «Sargträgerurteil» erkannt.

Die sicheren Zeiten sind vorbei, da «Gewalt» derjenige ausübte, der einen anderen zusammenschlug und dafür bestraft wurde. Verfeinerte Formen haben sich herausgebildet.

Aber heute verschwimmt der eigentlich einleuchtende Satz, daß auch der, der sich muskelspannend einem anderen in den Weg stellt, Gewalt ausübt, weil er Angst einflößt.

Die Vorstellung, edle Ziele von Sitzblockierern stünden der Annahme entgegen, das Ausüben von passiver Gewalt sei verwerflich, würde die politische Kultur hierzulande zerstören.

«Gewalt» kann es auch sein, daß man durch sein schlichtes Dasein einen anderen an seiner Bewegungsfreiheit hindert. Dabei ist man ganz «friedlich», rührt sich nicht. Trotzdem verbreitet man Unsicherheit und Angst.

(Eine Richter-Demonstration mit Sitzblockade) ist wahrlich kein Zeichen für das Unangefochtensein der Rechtskultur.

(In der Sitzblockade von Richtern) liegt vor allem eine Entwürdigung der Polizeibeamten, an deren Vorstellungen von der Autorität des Richters aus solchem Anlaß einiges kaputtgehen muß.

Wenn sich eines Tages jedermann vor jedermanns Wohnungstür setzt, weil der Bewohner ihm politisch nicht gefällt, wäre das das Ende einer «politischen Kultur», die auf friedlichem Diskurs der Meinungen beruht und Mehrheitsentscheidungen anerkennt.

Wenn schon Sitzblockierer vor amerikanischen Kasernen Nötiger sind, dann gilt das auch für die Stahlwerker, wenn sie den Verkehr blockieren.

Doch bei allem Verständnis für die Ängste um die je eigene Existenz: die Blockaden von Duisburg dürfen von Staats wegen nicht geduldet werden. Politiker, die über die Vorgänge den Schaum ihrer Redegewandtheit legen, machen sich schuldig: sie verwischen die ohnehin zurückgehende Bereitschaft, die Rechtsordnung anzuerkennen, auch dann…, wenn diese Rücksicht gegen den Strich der eigenen Interessen geht.

Die Sitzblockaden vor amerikanischen Militäreinrichtungen könnten außer Mode kommen.

Es könnte aber auch eines nicht fernen Tages «Stehblockaden» geben.

Vokabeln und Redensarten

Anlässe, beliebige In Kreuzberg… hat seit langem ein Bevölkerungsgemisch zueinandergefunden, bei dem es aus beliebigen Anlässen zu Gewaltausbrüchen kommen kann.

Ansteckung Demonstranten, unter denen die Polizei mögliche Gewalttäter sah – wenn es einmal anfängt, steckt das leicht eine ganze Gruppe an.

Baukriminalität (kann) auch etwas mit dem Mißbrauch von einstens in bester Absicht eingeführten sozialpolitischen Mechanismen zu tun haben.

Bereitschaft Wer sich, bevor er zur «Demo» geht, unkenntlich macht, hat eine gewisse Bereitschaft zur Gewalt. Sie wird gesteigert durch das Vermummtsein. Es enthemmt.

«Betriebsbesetzungen» Akut drohen «Betriebsbesetzungen» als neues Kampfmittel der Gewerkschaften. Der Platz von Arbeitswilligen wird «gewaltlos» von Nicht-Arbeitswilligen «besetzt». Der Streik besteht dann nicht mehr im Fernbleiben von der Arbeit, sondern im Einnehmen des Arbeitsplatzes. Eine gesetzliche Regelung ist also dringlich.

Demonstrationen Die Frage ist doch vielmehr, wie viele Demonstrationen mit Maskierten in Gewalt umschlagen. Man müßte die Statistiken schon vermummen, um zu verschleiern, daß Gefahr droht, wo Vermummte auftreten.

Gewalttäter, herumreisende friedliche Demonstrationen bei bestimmten Symbolobjekten (werden) von herumreisenden Gewalttätern zur Herausforderung des Staates und zu Exzeß-Taten benutzt. Die Konsequenz kann deshalb nur heißen: Aufhören *(mit den Demonstrationen usw.)*.

Hauch von Gewalt Das Verbrennen von Puppen, die die beiden Europapolitiker darstellen sollten, ist eine Methode der politischen Demonstration, die einen Hauch von Gewalt mit sich trägt.

Terror War es nicht eine der Führenden unter ihnen (den Grünen) – J. D. –, die diesen Staat verdächtigte, den Terror gerade «sehnsüchtig» zu brauchen? Und die damit den Terror ihrerseits legitimierte?

Terrorismus entzieht sich dem Zugriff der Sicherheitsbehörden.

Terroristen Auf das Wort von religiös oder politisch besessenen Terroristen ist kein Verlaß – wer ihnen entgegenkommt, riskiert nur, daß neue Bedingungen gestellt werden.

Verbrechen Ein «Tabu der Demonstrationskultur» sei gebrochen worden, sagt der Landesvorstand der hessischen Grünen *(zum Polizistenmord)*. Ein Tabu? Ein verräterisch harmloses Wort für ein Verbrechen, wie es dieses Land seit Jahrzehnten nicht mehr erlebt hat.

Vermummung Die Vermummung aber, und zwar bevor es mit der Gewalt anfängt, erlaubt es eher, den Täter zu stellen und ihm seine zu bestrafende Tat nachzuweisen. Ein wenig Abschreckung, auch eine Separierung der friedlichen Mitmarschierer von denen, die sich offenkundig Gewalt vorbehalten, könnte die Folge sein.

Hinweise für die Praxis

Wo Gewalt droht oder drohen könnte, ist – unabhängig von der Situation und möglichen Motiven der Gewalttäter – nach Polizei und Richter zu rufen. Hier darf es keine Kompromisse geben!

Denn die sog. Humanisierung des Strafrechts ist oft genug ein Vorspiel zu Mord und Terrorismus.

Gleichzeitig ist darauf zu achten, daß der Begriff Gewalt nicht aufgeweicht wird. Er soll solchen Gewalttätern oder potentiellen Gewalttätern vorbehalten bleiben, die keinerlei Affinitäten zu konservativen Anschauungen zeigen.

Die Versuche des politischen Gegners, bei sogenannten Rechtsverstößen der im Prinzip rechtsstaatlich Handelnden ebenfalls mit dem Begriff Gewalt zu operieren oder ihn gar auf außenpolitische Gegebenheiten oder wirtschaftspolitische Einzelheiten auszudehnen, sind in aller Schärfe als Polemik zurückzuweisen.

Was Gewalt ist, wissen wir immer noch am besten. Da wir auf gesellschaftspolitische Ruhe aus sind, können wir objektiv am besten ermessen, wo das Gegenteil von Ruhe beginnt: Unruhe, Gewalt, Verbrechen, Chaos.

Übungen

Übung 1: *Wer Mördern Briefe schreibt, macht sich mitschuldig. Warum sollte es verboten werden, an solche Leute überhaupt Worte zu verschwenden?*

Übung 2: *Nutzen Sie jede Gelegenheit, z. B. einen Kirchenbrand, um auf die Gewalttätigkeit im Lande hinzuweisen!*

153

Übung 3: *Versetzen Sie sich ruhig einmal in einen vermummten Straftäter, aber sprechen Sie dabei nie von den polizeilichen Gegenmitteln (Fotos, Videos, Schlagstock, Tränengas usw.)!*

Übung 4:

a) Interpretieren Sie die Veröffentlichungen von «Dokumenten» als Verbrechens-Anleitungen und erteilen Sie den Staatsanwaltschaften Aufträge!

b) Wie rufen Sie nach Taten?

c) Schelten Sie jedes Gericht, das es wagt, Motive von Blockierern zu berücksichtigen – und sei es das Bundesverfassungsgericht!

Übung 5: *Wie nennen Sie die Arbeit des Bundesamts für Verfassungsschutz?*

Übung 6: *Machen Sie Diskussionen über Menschenrechtsfragen, z. B. über die Aufnahme von zum Tode verurteilten Chilenen, lächerlich!*

Merksätze

Eine nach Tausenden zählende Truppe technisch hochgerüsteter Gewalttäter hält sich bereit, dem Staat ein Wackersdorf nach dem andern zu bereiten.

Die sogenannte gewöhnliche Kriminalität nimmt in alarmierendem Maße zu.

Es gibt nicht nur Mord, es gibt auch Rufmord.

Mord bleibt ein Mord, auch wenn der Ermordete Offizier oder Polizist einer Diktatur war.

24. T A G
UMWELT UND TECHNIK

Lesetext 1: Jeder Industriebetrieb, jede Wohnsiedlung, jedes Verwaltungsgebäude, jeder Bahnhof, jeder Flughafen nimmt nun einmal Lebensraum für sich in Anspruch, der vorher Wiesen und Schmetterlingen gehörte.

Lesetext 2: Umweltschutz verteuert die Produkte. Die teurer gewordenen Erzeugnisse lassen sich nicht mehr so leicht und so zahlreich verkaufen ... Da wäre es von Beginn an besser gewesen, die Kosten des Umweltschutzes in den Lohnverhandlungen zu respektieren und Löhne auszuhandeln, die das Kostenniveau unverändert lassen und somit die Absatzchancen der Unternehmen nicht schmälern. Es paßt nicht in eine klassenlose Gesellschaft, die «Besiegten» des Verteilungskampfes von den «Siegern» quasi aushalten zu lassen.

Lesetext 3: Wir haben binnen weniger Jahre gelernt, daß es nicht Sache der Industrie ist, wie sie mit der Natur umgeht, und nicht Sache der Behörden, was sie tun. Aber wir haben nicht alle begriffen, daß dies auch gilt, wenn statt der Industrie ein Du steht und statt Behörden ein Ich. Und wir haben gelernt, daß Chemikalien und Gestank die Umwelt verschmutzen; aber nicht jeder hat begriffen, daß dies auch gilt für die Joghurtbecher und das Verrichten eines gewissen Geschäfts am ungeeigneten Ort.

Sachkunde:
Warum es die Kernkraft so schwer hat

Die regelmäßige Störfall-Meldung aus einem Kernkraftwerk ist in Mode gekommen.

Westdeutsche Ängste vor allem, was mit dem Komplex Kernkraft zu tun hat.

Ängste, Unwissenheit und nicht zuletzt der Opportunismus vieler Politiker haben dazu geführt, daß Unternehmen, die sich der Verwertung der Kernkraft widmen, auf Unverständnis und Ablehnung stoßen.

Selbsternannte Experten sprechen offiziellen Gremien die Glaubwürdigkeit ab mit der Begründung, sie seien von einer profitgierigen Atomlobby abhängig.

Für vernünftige Leute war auch vor Tschernobyl klar, daß in der Nuklearenergie mit gefährlichen Stoffen hantiert wird.

Es gilt auch heute: Nach Tschernobyl nichts Neues.

Sicher haben viele etwas aus der Katastrophe gelernt – wenn auch nicht immer das Richtige.

Ratlosigkeit und Unsicherheit herrschen vor allem, weil sich viele keinen Reim machen können auf widersprüchliche Aussagen über Gefahren und Auswirkungen der stärkeren radioaktiven Strahlung im vergangenen Frühjahr.

Einem Teil (der Kernkraftgegner) geht es gar nicht um die Kernkraft. Sie wollen Rechtsstaat und Demokratie gewalttätig zerstören.

Akt des Opportunismus (ist die) Totalabsage an die Kernenergie, den die Verbraucher bezahlen werden.

Beschlüsse vom «Ausstieg» aus der Kernenergie, populistisch angestoßen und von Szenarien der unbeirrbaren Atomgegner «fundiert».

Die Totalabsage an die Kernernergie gibt in einer technik-bestimmten Industriegesellschaft sozusagen das klassisch falsche

Signal: Es zieht nicht an, sondern schreckt eher ab. Es suggeriert nicht Mut zur Zukunft, sondern Kleinmut.

Ein Volksaufstand gegen Kernkraftwerke... hat nicht stattgefunden.

Entpuppt sich manches «radikale Umdenken», das nach Tschernobyl vorzugsweise im linken Politikfeld um sich griff, als die Mode der vergangenen Saison?

Vokabeln und Redensarten

Atmosphäre Zu unserer Umwelt gehören nicht nur das Land und das Wasser, sondern auch die Atmosphäre, die mehr ist als Luft.

Atmosphäre, aufgeladene In einer besorgten, oft auch aufgeregten Gesellschaft und in einer aufgeladenen Atmosphäre der umweltpolitischen Diskussion hat der Bundesumweltminister einen schweren Stand.

Atommüll Nach den jüngsten «Transaktionen» illegalen Atommülls wird der Ruf nach dem «Ausstieg aus der Plutoniumwirtschaft» wieder laut werden. Das gehört mit zu den politischen Schäden, die das Unternehmen angerichtet hat.

Ausgleich Umweltschutz ist nun einmal nicht absolut durchzusetzen, sondern nur im Ausgleich mit anderen Interessen.

Bananen-Republik Wo leben wir eigentlich? In einer Bananen-Republik – oder in einem Rechtsstaat, dessen Atomanlagen von der Wiener Kontrollbehörde... kontrolliert werden?

Desaster Beim Thema Kalkar scheint niemandem mehr wohl zu sein... Der Schnelle Brüter droht zu einem Milliardengrab der Atomindustrie zu werden... Ein solches Desaster hat es bisher noch nicht gegeben.

Deutsche Schuld daran (daß man sich in Brüssel nicht über einheitliche Grenzwerte für die radioaktive Belastung von Lebensmitteln einigen kann) sind vor allem die Deutschen, die eisern an ihren niedrigeren Becquerel-Werten für Milch und Lebensmittel festhalten ... Aber für die Deutschen ist sicher nicht sicher genug.

Geschrei Das Geschrei über eine Umweltverschmutzung durch einen Industriebetrieb ist groß und völlig unabhängig vom Ausmaß der Verfehlung. Da finden sich alle zusammen: Umweltschützer, Politiker, Medien und Bürger jeglicher Couleur. Ebenso einig und laut ist man bei Forderungen an die kommunalen und staatlichen Behörden mit Blick auf Alt- und Neulasten. Dabei spielt es keine Rolle, daß diese aus den Geldern der Bürger zu beseitigen sind.

Hausbesitzer Es kann nicht jeder Hausbesitzer mit jedem heranbrausenden Autofahrer über Geschwindigkeiten, Schalldämpfung, über Kosten und Nutzen des Tuns und Unterlassens verhandeln.

Hysterie Wo Hysterie hinführt, hat nach Tschernobyl die hessische Landesregierung demonstriert.

Inkorporationen In Nuklearbetrieben, die mit Plutonium umgehen, kommen Inkorporationen hin und wieder vor.

Kosten So wie sich niemand den Belästigungen durch eine verschmutzte Umwelt entziehen kann, so kann auch niemand den Kosten des Umweltverbrauches ausweichen. Nichts führt daran vorbei: jeder Bürger wird zur Kasse des Umweltschutzes gebeten.

«Lebensgrundlagen, natürliche» Was sind heute, in einer Industriegesellschaft, die doch niemand abschaffen will, nicht einmal ernsthaft die Grünen, die «natürlichen Lebensgrundlagen»? ... Der Verzicht auf jede Annehmlichkeit der Zivilisation wäre allen Respekts wert, aber nicht einmal eine knappe Mehrheit würde sich dafür finden lassen.

Molke Kühe auf bayerischen Wiesen labten sich an Gras, auf das sich radioaktiver Niederschlag abgelagert hatte. Über das Futter geriet die Radioaktivität in die Milch. Doch soweit aus dieser Milch Butter und Käse hergestellt wurde, blieb die Belastung unterhalb der festgelegten Werte. Sie konzentrierte sich jedoch, als die Molke, die bei der Verarbeitung übrigbleibt, entzuckert und zu Pulver getrocknet wurde. Dieses Pulver ging dann gleichsam auf Irrfahrt.

Nuklear-Fässer, mißbrauchte Auch hier empfiehlt es sich zu fragen: «Wem nützt das?» Wem nützt zum Beispiel das Nennen immer neuer und immer höheren Zahlen für die mißbrauchten Nuklear-Fässer, über die doch penibel Buch geführt sein müßte?

Opportunismus Der frühere Forschungsminister hat seit der Atomkatastrophe von Tschernobyl das Glück, seinen Opportunismus hinter der Behauptung eines Lernerlebnisses verstecken zu können.

Ordnung, marktpolitische ist allein in der Lage, auch im Falle des Umweltschutzes alle weit verstreuten Möglichkeiten und Ideen zu kombinieren und zum Wohle der Menschen einzusetzen.

Phänomene wie Wackersdorf.

Platte (Nach dem klassischen Chemieunfall in Hanau haben) als Begleitmusik die Grünen ihre Platte von der «radioaktiven Zeitbombe» in Hanau wieder aufgelegt, die noch immer ticke.

Realität … könnte sein, daß eines Tages der Punkt erreicht wird, da die Umweltpolitik sich von der Realität entfernt, die der Bürger verlangt.

Rheinverschmutzung In unserem dichtbevölkerten, hochindustrialisierten Lebensraum muß jede Unachtsamkeit, jede falsche Anwendung der so kompliziert zu handhabenden und in ihren Auswirkungen immer weniger voraussehbaren Technik zwangsläufig zur Umweltbedrohung werden. Andererseits bietet gerade

159

der technische Fortschritt die Chance, die Umwelt vor schädlichen Einflüssen zu bewahren. Die andere Chance liegt im Verhalten der Menschen.

Schwärmereien Das Gutachten... entkleidet die Schwärmereien von der atomkraftfreien Welt ihrer modischen Feigenblätter.

Sorgenkind Ein beständiges Sorgenkind der Umweltpolitik ist die Nordsee: ein flaches Binnenmeer...

Teststrecke Dort, wo sie nicht gebaut werden darf, werden wir uns in einigen Jahren umsehen, wie das den Leuten bekommen ist.

Verkehrslärm wird zu einem Umweltschaden und einer Plage – zu einer Plage jedoch, die regional und lokal ungleichmäßig verteilt ist: Den einen dröhnen die Ohren, die anderen hören im Garten die Vögel singen.

Vernunft, kühle So verständlich die Angst der Bürger vor radioaktiver Strahlung ist und so berechtigt ihr Verlangen nach Abwehr dieser Gefahr, so gilt es auch, kühle Vernunft zu bewahren, sachlich zu bleiben und die Angst nicht noch unnötig zu schüren.

Wegwerf-Verpackung Die Verführung der Wegwerf-Verpackung, die die Müllberge aufhäuft, ist offenbar zu groß.

«Wahrheit, strahlende» Bei solchen Gegensätzen fällt es schwer, der «strahlenden Wahrheit» auf die Spur zu kommen.

Hinweise für die Praxis

Der relativ neue politische Faktor Umweltschutz darf von konservativer Seite nicht ignoriert werden.

Vor der Verantwortung der Industrie ist jedoch auf die Verantwortung des einzelnen Menschen zu verweisen.

Und wenn einmal von der Industrie gesprochen wird: Betonen Sie stets, daß es in anderen Ländern nicht besser, meist sogar schlimmer ist!

Was die (Atom-)Technik betrifft: Nicht die Gefährlichkeit der Technik ist das Gefährliche, sondern die Ausbeutung dieser Gefährlichkeit durch die nicht- oder halbkonservativen Medien. So wird Technikfeindlichkeit geschürt und letztlich die künftige Armut programmiert.

Neue Techniken sind zuerst immer abgelehnt worden, ehe sie zum Wohlstand der Menschen beigetragen haben.

Übungen

Übung 1:
a) Bejahen Sie stets den Umweltschutz, aber wehren Sie sich gegen entsprechende Festschreibungen, z. B. im Grundgesetz!

b) Begründen Sie: Weil Umweltschutz jedermanns Sache ist, darf er nicht für alle verbindlich werden!

c) Tun Sie immer so, als hätten Sie bzw. wir Deutschen schon immer für Umweltschutz gekämpft!

Übung 2: *Bei Unfällen und Katastrophen gilt es zu differenzieren!*

a) Wie werten Sie Pannen, die im Ausland passieren?

b) Wie Pannen aus dem Inland?

Übung 3:
a) Wie nennen Sie den Smog, der aus der DDR kommt?

b) Warum ist der Osten so dreckig?

Übung 4:
a) Gebrauchen Sie ruhig mal starke Worte – wenn es nichts mehr kostet!

b) Bleiben Sie aber konsequent gegenüber grüner Propaganda!

161

Übung 5: *Formulieren Sie Entlastungsangriffe für die katastrophengeprüfte chemische Industrie!*
Übung 6: *Machen Sie sich gelegentlich über Endlagerungs- und Müllfragen lustig!*

Merksätze

Umweltschutz ist eine gute Sache. Aber nicht alle Argumente, mit denen dafür geworben wird, sind stichhaltig.

Man wird keine saubere gewerbliche Arbeit von Leuten erwarten können, die kein Bedürfnis für die Sauberkeit ihrer Umwelt spüren.

«Plutonium-Staat» ist ein politisches Fabelwesen.

Auch Anwohner von Straßen haben ein Recht, Mozart möglichst ungestört zu hören.

«Störfälle» mit Todesfolge beim Auto sind unendlich viel häufiger als die bei der Kernkraft.

DIE GESCHICHTE

Lesetext 1: Die Neigung zur Rückschau über hundert Jahre deutscher Geschichte würde sogleich als die böse Absicht gedeutet werden, «aus dem Schatten Hitlers heraustreten» zu wollen. Nach wie vor soll in der Bundesrepublik und zumal auf ihren Fernsehschirmen der Blick starr auf die Ära des Nationalsozialismus gerichtet bleiben: auf die Auslösung des Zweiten Weltkriegs und vor allem auf die Vernichtung von Millionen von Juden. Allenfalls dürfen sich die Westdeutschen an die ermordete Sozialistin Rosa Luxemburg erinnern und ihr in West-Berlin ein Denkmal setzen.

Lesetext 2: Was unter dem Etikett der Vergangenheitsbewältigung «thematisiert» wird, dient politischen Zielen, die nichts mit Sühne, mit «Trauerarbeit» und ähnlich Moralischem zu tun haben. Unrecht zwischen 1933 und 1945 dient nur noch der Instrumentalisierung. Jüngere, die entsprechender Indoktrination vom Kindergarten her ausgesetzt waren, merken es oft nicht. Ältere wollen es sich nicht anmerken lassen, daß sie es sehr wohl wissen. Sie würden sonst den Vorwurf der Unbelehrbarkeit und der «Verdrängung» auf sich ziehen. Das falsche Bewältigungs-Spiel geht immer weiter.

Lesetext 3: Zwanzig Jahre später (nach 1945) taten sich Fortschrittsglaube und Technokratie gegen das lastende Gewicht der Vergangenheit zusammen: Wider die Städte und die Geschichte, die ausgebrannten trostreichen Alleebäume der Vergangenheit. Seit der Mitte der sechziger Jahre wandelten sich Werte und Mentalitäten. Die Folgen bleiben eingegraben in die Sozial- und Ideengeschichte der Gegenwart. Im Mummenschanz der Universitätsrevolte kam der Generationenkonflikt noch einmal zurück. Aber was als brutaler Spaß begann, schlug um in Pessimismus, als das Öl knapp wurde, die Wälder erkrankten, die Machbarkeit ihre Grenzen fand. Die neue Ratlosigkeit sucht seitdem einen Rat, den die Parteiendemokratie nicht schafft, und eine Transzendenz, die die säkularisierte Welt verweigert.

Sachkunde:
Vier Jahrzehnte danach

Hitler ist tot.

Es wäre falsch, anzunehmen, daß alle früheren im strafrechtlichen Sinne nicht schuldigen Nationalsozialisten eine Gefahr für die junge Demokratie gebildet hätten.

Nicht nur wenig human sind die Siegermächte des letzten Krieges mit Rudolf Heß umgegangen.

Die Vergleiche mit der nationalsozialistischen Zeit müssen fehlgehen, weil sie Vergleiche hinter Scheuklappen sind.

Welchen Erkenntnisnutzen bieten etwa bei berechtigten Klagen über hemmungslose Demagogie und unredliche Agitation die häufigen Hinweise auf das frühere Reichsministerium für Volksaufklärung und Propaganda und dessen Chef Goebbels?

… spielt auch ein pädagogischer Eifer mit, es werde dem Nachdenken der Deutschen über die Hitler-Zeit schaden, wenn deren Verbrechen nicht länger als einzigartig in das Bewußtsein der Nation eingebrannt würden. Fürsorgliche politische Lehrer wollen verhindern, daß Hitler zu einer – «Figur der Geschichte» unter anderen Figuren werde. Von seiner Einzigartigkeit soll nichts ablenken dürfen.

Nicht nur in den Vereinigten Staaten gibt es Gruppen von Leuten, die es sich angelegen sein lassen, den Deutschen der jüngeren Generationen den Nationalsozialismus ihrer Väter und Großväter nicht nur als ständige Belastung bewußtzumachen, sondern persönlich einzutränken.

Der Gedanke, dieses Unrecht (der nationalsozialistischen Verbrechen) nie mehr wiedergutmachen zu können, ließ sie (die
Deutschen) in unaussprechlicher Scham verstummen.

Ist die Bundesrepublik ein Staatswesen, das sich ständig vornimmt, das Gegenteil des Hitler-Reiches sein zu müssen...?

Vokabeln und Redensarten

Abschreckung   Denn die Geschichte der Menschheit
ist auch die Geschichte des vergeblichen Versuchs, Sicherheit durch konventionelle Abschreckung zu gewinnen.

Arminius gegen Varus   Was immer da nun im Teuto-
burger Wald an Bäumen gestanden haben mag, in dem
um Christi Geburt der Cheruskerfürst Arminius den
römischen Feldherrn Varus besiegte, ein Stück, wenn
auch historisch belegte «Wald-Legende» ist es für die
Deutschen gewiß auch. Wobei dies alles sehr unter-
schwellig geschieht: freilich wohl mehr für die älteren
Jahrgänge, die in der Schule noch mit ordentlichem Ge-
schichtsunterricht über historische Fakten belehrt wurden.

Bemerkung, kleine   Eine kleine Bemerkung hat große
Auswirkungen. An J. M. Le Pens Ansicht, die Gaskam-
mern der Konzentrationslager seien nur «ein Detail-
punkt» in der Geschichte des Zweiten Weltkriegs,
scheiden sich die Geister.

Bismarck   Der freiheitlich organisierte Teil des alten
Bismarck-Reiches hat der Ost-Berliner Offensive mit
Bismarck nichts entgegenzusetzen.

Briten   1945 zählten die Briten zu den Siegern. Aber es
reichte nur, die alte Perlenkette noch eine Weile zusam-
menzuhalten.

Entspannung verfiel nicht wegen der Stärke des Westens, sondern wegen seiner Schwäche.

Formen, große Die Totalitarismustheorie, welche die beiden großen Formen der Tyrannei des 20. Jahrhunderts verband, war in den dreißiger Jahren entstanden.

Fragen, offene Auch die Nachbarvölker der Deutschen sind mit schlimmen Situationen auf lange Sicht zurechtgekommen, bis ihre offenen Fragen von der Geschichte befriedigend beantwortet wurden.

Identitätskrisen Immer, wenn die Deutschen von Identitätskrisen geschüttelt waren, etwa in den Wirren des Interregnums, im Dreißigjährigen Krieg oder in der Zeit Napoleons, besannen sie sich auf das sie einigende Band: auf ihre Sprache.

Inseln des Bleibenden Um so dankbarer ruhen sie (die Menschen, deutsche) auf den Inseln des scheinbar Bleibenden aus. Wer wollte es ihnen mißgönnen, solange sie darüber nicht aus der Gegenwart flüchten und die Augen vor der Zukunft verschließen?

Interessen Allenthalben stoßen sich die Interessen des Gedenkens an das Gestern mit den Interessen des Lebens im Heute. Da mag man immer noch das mangelnde Geschichtsbewußtsein der Deutschen beklagen – wenn irgendwo auch nur ein Zipfel eines historischen Zeugnisses zutage tritt, finden sich inzwischen viele Anwälte des Gewesenen.

Mittelalter Dort war es selbstverständlich, daß die Kloake in offenen Rinnen durch die Dörfer und Städte floß. Aber es ist auch nicht überliefert, daß zugleich das Hohelied der Umwelt gesungen worden wäre.

Nachkriegszeit Die Nachkriegszeit mit ihrem Nachhall straffer Ordnungsprinzipien geht sichtlich zu Ende. Die Bereitschaft ist vorbei, sich kritiklos und ungeschoren reglementieren zu lassen.

Napoleon, unterwegs nach Ägypten, träumte, wie nach ihm Rommel – vom Zug Alexanders ins Zweistromland und weiter.

Sache Heß die vergleichsweise unbedeutsame Sache Heß... Bisher wird, zum Glück, der Tod von Heß eingeordnet als der eines bedauernswerten alten Mannes, dessen Leben historische Erinnerungen umfaßt.

Schwur, wirklicher der Deutschen: daß niemals mehr auf deutschem Boden eine Diktatur ihr Haupt erhebe.

Spielraum In den Jahren nach 1945 (war) der individuelle Spielraum für leitende Männer der Wirtschaft (sieht man einmal von Entnazifizierungsproblemen ab) ungleich größer als heute.

Zeugnisse Über historische Zeugnisse schnöde hinwegzugehen ist fast ebenso einfach, wie sie ehrfürchtig einzuzäunen und vor jeglicher Berührung mit der Moderne zu bewahren. Schwieriger ist es, die Zukunft auf der Vergangenheit aufzubauen.

Zeitgeist der sechziger Jahre Auch die sozialliberale Reformpolitik wurde vom Zeitgeist der sechziger Jahre getragen – über vernünftig gesteckte Ziele hinaus, wie sich schnell zeigte.

Hinweise für die Praxis

Mut zur Vergangenheit!
Die Last der Vergangenheit abwerfen durch Besinnung auf die Vorvergangenheit!
Lenken Sie die Aufmerksamkeit auf den Glanz einer Vergangenheit, der man vorbehaltlos zustimmen kann! Aber treiben Sie keinen Geschichtskult! Der Bruchteil der deutschen Geschichte, der Kritik herausfordert, ist moralisch zu neutralisieren.

Geschichte wird von Persönlichkeiten gemacht (nicht von Massen – denn wo immer Massen in die Geschichte einzugreifen versuchen, führt das zum Ende der Geschichte).

Auch bei geschichtlichen Persönlichkeiten, die andernorts als Verbrecher bezeichnet werden, ist ein objektiver Blick zu bewahren: im Negativen ist das Positive, im Positiven das Negative zu zeigen. Große Männer der Geschichte sind vorab ästhetischer, nur äußerst selten moralischer Natur und entsprechend zu werten.

Die Gegenwart ist negativer zu sehen als die Geschichte, denn jede neue Entwicklung ist tendenziell dekadent, sie verschlechtert und kompliziert nur alles.

In allen Zweifelsfällen bleibt der Trost: Geschichte dreht sich im Kreis, im Prinzip ändert sich nichts.

Übungen

Übung 1:
a) Versuchen Sie, wie nebenbei die Unschuld der Deutschen an zwei Weltkriegen zu suggerieren!

b) Versuchen Sie, aktive NSDAP-Mitglieder mit einem Wort zu entlasten!

c) Wie nennen Sie die Auflistung von Namen ehemaliger Nazis?

Übung 2:
a) Warum waren die Alliierten, die Bomben auf unser Land geworfen haben, nicht besser, jedenfalls nicht menschlicher als wir?

b) Worauf könnten sich die Deutschen im Zweiten Weltkrieg jederzeit berufen, nicht aber die Alliierten, als sie die Bombardierung Dresdens befahlen?

Übung 3:
Bestehen Sie, was die braune Vergangenheit angeht, stets auf Sachkenntnis, auf großen und kleinen Unterschieden!

a) Weisen Sie auf Unterschiede zwischen den Konzentrationslagern hin!

b) Warum kann man keiner deutschen Firma die Einstellung von Zwangsarbeitern und die der damaligen Zeit entsprechende Behandlung vorwerfen?

c) Warum war sogar geringer Widerstand letztlich umsonst?

d) Unterstellen Sie denen, die von der Nazi-Geschichte nicht loskommen (wollen), mangelnden Realitätssinn!

Übung 4: *Nehmen Sie der Geschichte ihre Bedrohlichkeit und stellen Sie Kaiser Wilhelm und Hitler als einfache Bürger dar!*

Übung 5: *Wer stört immer wieder Historie und Kunstgenuß?*

Übung 6: *Auch in der jüngsten Geschichte sind Korrekturen angebracht.*

a) Warum ist z. B. die Ostpolitik keineswegs ein Verdienst Brandts?

b) Wie etikettieren Sie die Studentenbewegung der sechziger Jahre?

Merksätze

Die totalitäre Versuchung hatte immer zwei Gestalten, und am Ende von Weimar und bei der Entfesselung des Weltkriegs trafen sie sich, Hitler und Stalin, zum großen Totentanz der europäischen Zivilisation.

Die Zeit des Nationalsozialismus ist vorbei, die Gefahren von Diktatur und Rassenwahn sind gebannt.

Lehren der Geschichte kommen wie die Sprüche des Orakels von Delphi: In Kenntnis der Vergangenheit und mit politischer Klugheit haben die Menschen hier und heute ihrer Botschaft Sinn und Richtung abzuringen.

Die Führung der DDR (möchte) die ganze deutsche Geschichte für sich reklamieren.

Keine Geschichte hat sich jemals wiederholt. Aber Gefühle des Déjà vu bleiben niemandem erspart.

DER KOMMUNISMUS

Lesetext 1: Die sowjetische Friedenspropaganda kann noch so durchsichtig sein – sie wird im Westen sofort aufgenommen und verstärkt weiterverbreitet. Jedes sowjetische Argument wird für bare Münze genommen: Man ist mißtrauisch bis zum Exzeß gegenüber allem, was die Amerikaner in Nicaragua oder anderen Ländern der westlichen Hemisphäre unternehmen, aber hält jeden sowjetischen «Friedensplan» für Afghanistan ohne nähere Prüfung sogleich für «aufrichtig».

Lesetext 2: Das Ziel (der Städtepartnerschaften) ist «gut», und der Zug rollt ungebremst los. Die sowjetischen Partner stellen die Weichen und stehen auf der Lokomotive. Politische Erklärungen zu Themen, die meilenweit von kommunaler Zuständigkeit entfernt sind und überdies niedrigstes Niveau haben, flattern alsbald aus den Wagenfenstern. ... Wer bei diesen Städteverschwisterungen «A» sagt, wird rasch dazu gebracht, das ganze kyrillische Alphabet herunterzubuchstabieren.

Lesetext 3: Der Westen will sich gar nicht mit dem Osten messen. Denn sein Wesen ist Wettbewerb. Er braucht den Ansporn der Kommunisten nicht. Von dorther möchte er eigentlich nur eins: in Ruhe gelassen werden. Dann schliefe zum Beispiel auch das «Wettrüsten» ein.

Sachkunde:
Das Phänomen Gorbatschow

Das Phänomen, das den Namen G. trägt.

Wir im Westen tun gut daran, das Unternehmen G. in allen seinen Facetten mit höchster Neugier und Sorgfalt zu beobachten.

G. absolvierte seine lange Lehrzeit auf der Hinterbank in Breschnews Politbüro.

G.s Stationen liegen auf dem altbekannten Moskauer Pfad.

Reformpeitsche G.s.

Will G. in der Sowjetunion Glasnost durchsetzen, kann er von der Offenheit die Religion nicht ausschließen.

Niemand zweifelt mehr daran, daß G. ein Meister des Wortes ist.

Wie weit G. vorankommen, ob er sich behaupten wird, ist ungewiß. Aber daß er zum Scheitern verurteilt sei, daß er unweigerlich stürzen werde wie Chruschtschow – solche Voraussagen haben keine Grundlage.

Wie mächtig ist er noch?

Über Gott macht er sich gewiß keine Gedanken.

Als Ohnmächtiger würde er auch sein Amt nicht mehr lange behalten.

Auch G. ist ein Gefügigmacher wie seine Vorgänger. Man sollte es wissen.

Roter Kommunikator.

Er versucht, Unstimmigkeiten unter den Westeuropäern zu schüren.

Er hat dank langjähriger Hochrüstung einfach mehr Spielraum.

Derzeit versucht G., das alte Spiel neu zu mischen.

Doch schon immer hat in Rußland mehr als anderswo der Wille des Herrschers den Weg des Reiches bestimmt.

Vor allem hat er mächtige Gegner und nur einen kleinen Kreis zuverlässiger Verbündeter. Wie wird es ihm ergehen mit seiner Politik?

... dann könnte es böse für ihn enden.

Vokabeln und Redensarten

Anstand Mehr menschenrechtlicher Anstand, als Kommunisten normalerweise bezeigen.

Armee, sowjetische Nur die sowjetische Armee auf deutschem Boden schießt, schießt, schießt, weil ihre Führung sich so sicher ist, daß ihre eignen Militärmissionen beim legalen Spionieren solche Gefahr nicht laufen. Vielleicht würden hier ein paar gut hörbare Schüsse, Warnschüsse, der Menschlichkeit ein Stück voranhelfen.

Art, orientalische Zeichen dafür, wie weit die Sowjetunion auch heute noch eine Despotie von orientalischer Art ist.

Bewegung Auf dem sowjetischen Vorfeld ist Bewegung entstanden.

Botschaft, gefährliche Die Metapher (vom «gemeinsamen europäischen Haus») ist die Umhüllung einer gefährlichen politischen Botschaft.

Dialektik Je mehr die Regime entschlossen sind, von sich aus die Zügel zu lockern, desto mehr fürchten sie, diese könnten ihnen entgleiten. Erst wenn sie sicher sind, daß sie auch am langen Zügel führen können, werden sie Gelassenheit aufbringen. Mit Freiheit hat das wenig zu tun, viel jedoch mit Dialektik.

Erregung Die Erregung im kommunistisch beherrschten Europa steigt, und noch niemand weiß, bis zu welcher Marke.

Errungenschaften Gorbatschow bekennt sich zum Stolz auf die Errungenschaften der Sowjetunion. Aber wo sind sie?

Festungsdenken, russisches

Fragen Atemlos-ängstliche Fragen wie «Ist die Sowjetunion mit uns auch wirklich zufrieden?» können die Moskauer Führer nur immer noch hochmütiger stimmen.

172

Gang, sozialistischer   gewohnt-gemächlicher sozialistischer Gang der Dinge.

Gemenge   Ein unübersichtliches Gemenge also von Altem und Neuem; Ausweichmanöver, Vorwände, Halbheiten überall (in der Sowjetunion).

Honecker, glücklich   Öffentliche Mittel spielen in der Bundesrepublik keine Rolle mehr, wenn es gilt, ihn (Honecker) glücklich zu machen.

Kommunist, guter   darf sich nicht schonen.

Lausbubenstreich   Was aus westlicher Sicht wie ein Lausbubenstreich anmuten mag, kommt in sowjetischen Augen einer Ungeheuerlichkeit gleich.

Leninismus   Der Leninismus hat mehrere Varianten, und neue werden dazukommen.

Leugnen   selbst von Offensichtlichem ist für die Sowjetobrigkeit eines der vertrautesten Herrschaftsinstrumente.

Machtgefühl   Es scheint, daß die Führer der Sowjetunion gegenüber der Bundesrepublik ein besonderes Machtgefühl haben, das zurückgeht auf den Sieg über Deutschland.

Maßnahmen, systemverändernde   in Richtung auf eine Annäherung an westliche Muster sind... weder zu erwarten noch vorstellbar.

Menschlichkeitserwägungen   Die sowjetischen Behörden haben sich nicht von Menschlichkeitserwägungen leiten lassen – sie freuen sich nur, daß es so aussieht.

Partner   Kommunisten respektieren nur diejenigen Partner, die reagieren, wie sie selber in gleicher Lage reagiert hätten. Auf Schönredner geben sie nichts. Deshalb war Strauß für sie der Richtige.

Porträts   Die Porträts der führenden Kommunisten (sollten) Ersatz für die beiseitegeschobenen heiligen Bilder, für die zum Symbol des Reaktionären erklärten Ikonenwände sein.

Reform-Zug Wie, wenn der Reform-Zug entgleiste?

Reisen Beim Thema des Reisens (geraten) die Machthaber des anderen deutschen Staates in immer schieferes Licht. Wo immer ein Wille zur Reform gemacht werden soll, muß er am Ende das Reisen in das Ermessen der Bürger stellen.

Rußland, altes Altes Rußland, Neues Denken? Was am Ende stärker ist, hängt auch vom Westen ab.

Städtepartnerschaften – eine Situation im Sinne des Leninschen «Wer-wen?». Welcher Seite wird es gelingen, ihre Ziele durchzusetzen?

Stimmung Die Grenze durch Berlin (erzeugt) in ihrer Auffälligkeit Stimmung gegen den Sowjetkommunismus. Sie kostet Moskau ständig einen politisch-psychologischen Preis, und der wird noch steigen.

Streicheln Was der Sowjetunion früher mit harschen Worten und diplomatischen Pressionen nicht gelungen ist, versucht sie nun mit dosiertem Streicheln zu erreichen – nämlich die Bundesrepublik in den Sog der sowjetischen Außenpolitik zu ziehen.

Taktik Die bewährte Taktik der Sowjets, Erwartungen zu wecken, hochzuspielen und dann plötzlich zu dämpfen, entspricht einfach nicht dem amerikanischen Sinn für Fairplay.

Wettlauf Derzeit wirkt die Ost-West-Politik wie der Wettlauf zwischen Hase und Igel: Gorbatschow ist immer schon eine Station weiter.

Zeiten, alte ... still seufzend an die alten Zeiten zurückdenken, da Gromyko die Außenpolitik des Kreml bestimmte und westlichen Vorschlägen mit schöner Berechenbarkeit sein bärbeißiges «Njet» entgegensetzte.

Zukunft Die Zukunft der Sowjetunion bleibt der Geschichte Rußlands verhaftet, wo geistliches und weltliches Schwert immer eins waren.

Hinweise für die Praxis

Bei aller tagespolitischen Geschäftigkeit darf ein Ziel nicht vergessen werden: Die Barbarei des Kommunismus ist unter allen Umständen zu bekämpfen.

Da es derzeit nicht opportun ist, das Problem mit militärischen Mitteln zu lösen, und da die Einflüsse der westlichen Kultur relativ begrenzt sind, müssen die schlagkräftigsten Argumente und Formulierungen jederzeit bereitliegen. Der Konservative muß seinen entschiedensten Gegner, den Kommunisten, sozusagen im Schlaf widerlegen und moralisch vernichten können.

Nur auf den ersten Blick macht uns der Kommunismus das Argumentieren leicht – wenn wir seinen Anspruch an seiner Wirklichkeit messen. Damit darf sich ein moderner Konservativer jedoch nicht begnügen.

Es gilt, die kommunistischen Gedankenstränge und Wurzeln, die bekanntlich auch im Westen Blüten treiben, schon im Keim zu bekämpfen – und sei es als Übung zur Selbstverteidigung.

Vorsicht! Je reformierter der Kommunismus, desto gefährlicher!

Übungen

Übung 1:

a) Schieben Sie den kommunistischen Führern die Verantwortung für alle Weltkonflikte zu!

b) Drängen Sie sie in die Defensive, indem Sie Taten von ihnen verlangen!

Übung 2:

a) Warum ist «Abrüstung» die gefährlichste Waffe der Kommunisten?

b) Noch einmal, drastisch, mit Clausewitz!

Übung 3:

a) Weisen Sie bei positiven Meldungen aus dem kommunistischen Machtbereich stets darauf hin, daß die eigentliche Wende noch bevorsteht!

b) Was ist «Liberalisierung» wirklich?

Übung 4: *Letztlich entscheiden wir mit unserer Wirtschaft über das Schicksal des sowjetischen Kommunismus!*
a) Warum ist es besser, wenn die Sowjetunion wirtschaftlich uneffektiv bleibt?
b) Bestehen Sie darauf, daß bei Zusammenarbeit immer noch wir die Preise diktieren!
Übung 5: *Was wäre der Gipfel der neuen sowjetischen Unverschämtheit?*
Übung 6: *Fallen Sie nicht auf den* roten *Kommunikator herein! Auch er ist vergänglich!*
a) Formulieren Sie diplomatisch: Wann wird Gorbatschow endlich gestürzt?
b) Und in Frageform?
c) Die Geschichte wird ihn schon richten!

Merksätze

Die Sowjetunion bleibt dem Westen Gegenspieler und Widersacher, nur möglicherweise mit mehr Effizienz, Gewicht und Macht.

Aber wird der russische Bär ein Teddy werden?

Niemand übertrifft Kommunisten in sorgfältiger Beachtung von Höflichkeitsformen und Protokollregeln.

Was immer Moskau erzählt – es rüstet unbeirrt weiter.

Aufgeklärter Antikommunismus ist nicht nur weiter erlaubt, sondern noch notwendiger als früher.

KRIEG UND FRIEDEN

Lesetext 1: Daß Nuklearwaffen nicht mehr aus der Welt zu schaffen sind – auch nicht durch Abkommen der Supermächte –, ist ihre dämonische Seite. Und deshalb wird Kubricks Schreckensvision immer wieder auftauchen als ein zwischen skeptischer Hoffnung und hoffnungslosem Pessimismus schwankender Versuch des Zauberlehrlings, damit fertig zu werden, daß es kein Zauberwort gibt, das ihm die Herrschaft über das Gerät zurückgeben könnte. Es ist magische Kunst, das Schreckliche zu beschwören, damit es nicht Wirklichkeit werde.

Lesetext 2: Was jetzt noch auf die Abrüstungstische kommt, ist kaum noch der Betrachtung wert; der Würfel ist gefallen. Der gegenstandslose, aber immerzu pompös wiederholte Satz, daß von deutschem Boden nie wieder ein Krieg ausgehen dürfe, hat seinen verborgenen Hintersinn enthüllt: Nur auf Deutschland kann und wird künftig militärisches Potential von außen einwirken. Nicht mit Krieg, denn die Russen wollen keinen. Aber erpressen wollen sie.

Lesetext 3: Die Doppel-Null-Lösung ist, gemessen an 50 000 nuklearen Waffen in der Welt, marginal. Für die Sicherheitsgeometrie Europas indessen ist sie zentral. Aber sie ist nicht in sich gut oder schlecht, stiftet nicht per se den nuklearen Frieden, wie die einen hoffen, oder ermutigt den konventionellen Krieg, wie die anderen befürchten. Entscheidend kommt es darauf an, daß die heute fällige schmerzliche Überprüfung fruchtbar gemacht wird für neue strategische Sicherheitsgleichungen und eine weit ins 21. Jahrhundert hineinreichende Sicherheitspolitik.

Sachkunde:
Der Segen der Atomwaffen

Es waren die nuklearen Waffen, die das bipolare System stabilisierten und den Krieg in Ketten legten.

Die Perspektiven von Krieg und Frieden selber haben längst die althergebrachten Gesinnungsfarben verloren. Ehedem galt, daß Rüstung auf Krieg, Abrüstung auf Frieden zuliefe. Nun haben wir erfahren, daß die Atomwaffen wenn nicht den Frieden, so doch eine Epoche des Nicht-Krieges gewährleistet haben.

...arbeitet die Sowjetunion mit immer neuen und vielen alten Mitteln daran, die Denuklearisierung Westeuropas und in ihrer Folge den Abzug der Amerikaner in Gang zu bringen.

Seit der Nachrüstungsdebatte wird aus Umfragen immer deutlicher, daß weite Kreise der Bevölkerung in Waffen – gleich welcher Art – nur noch eine Bedrohung sehen ... Daß sich so viel Naivität ausbreiten konnte, ist nicht nur dem lächelnden Gorbatschow zuzuschreiben. Dies ist auch die Folge einer Sicherheitspolitik, die dem Volk unangenehme Wahrheiten kaum noch zu sagen wagt.

Eine deutsche Öffentlichkeit, der die eigenen Politiker aller Farben, vor allem dieser Bundesregierung selbst, suggerieren, weniger Waffen könnten mehr Frieden bedeuten, wird drängen, daß man die sowjetischen «Zugeständnisse» honoriere.

Alle, die den abschreckenden Schutz von Atomwaffen neuerdings für Teufelswerk oder – wie W. B. – für ein «moralisches Monstrum» halten.

Kernwaffen ... sind psychologische Waffen; sie zielen, wie A. G. sagt, in erster Linie auf die Köpfe.

Nuklearwaffen sind politische Waffen.

Nukleare Waffen der Nato waren und sind allesamt zur Rückversicherung der unzureichend gebliebenen konventionellen Abwehrfähigkeit nötig.

Drohung mit Waffen, die für die Deutschen vor allem selbstab-
schreckend wirken, ist nicht sehr plausibel. Zudem leidet die
Glaubwürdigkeit des Abschreckungs-Bluffs, wenn der Nato
das wichtige Mittelstück aus der Eskalationsleiter herausgebro-
chen wird.

Die Furcht vor einer nuklear-politischen «Singularisierung» der
Bundesrepublik ist ein deutscher Alptraum. In dieser Frage ist
vor jeder Panik zu warnen. Die nukleare Totalabrüstung ist
nicht zu erwarten, und Bonn sollte sie nicht vorwegnehmen
wollen.

Abschreckung bleibt Grundlage westeuropäischer Sicherheit
und weltpolitischer Stabilität, und wirksam ist sie nach aller Erfahrung nur in nuklearer Form.

Vokabeln und Redensarten

Abrüstung   Der Traum von der unaufhaltsamen, aus
   der Sachlogik der Ressourcenschonung geborenen Ab-
   rüstung war schön, aber realitätsfern.
Abrüstungsfieber,   derzeit grassierendes.
Abrüstungsidee, unausgegorene   der Großmächte.
Abrüstungsschritte   Die Sowjetunion in ihrer heu-
   tigen, freilich gar nicht so grundlegend veränderten
   Lage kann sich weitergehende substantielle Abrü-
   stungsschritte... nicht leisten.
Abrüstungsvorschläge Moskaus, schillernde
Abschreckungsvakuum
Abschreckungsdispositiv
Annahme, naive   Naiv wie die Annahme, mehr Abrü-
   stung in West und Ost werde ihnen (den Entwicklungs-
   ländern) automatisch mehr Entwicklungshilfe brin-
   gen.

Apokalyptiker Die einstigen Apokalyptiker (schwärmen) nun von einem Fortgang der Abrüstung im Expreß-Tempo.

Ebene, schiefe eingeseifte schiefe Ebene weiterer nuklearer Abrüstung in Europa.

«Entrüstung» Der einst von organisierten Friedensbewegten gebrauchte mehrdeutige Begriff der «Entrüstung».

Feindbilder Beinah über nichts herrscht hierzulande so gutes Einvernehmen wie über Feindbilder: man dürfe keine haben, und man dürfe sich in keinem Falle mit genauer Blickrichtung vorstellen, daß innerhalb oder außerhalb des Geltungsbereichs des Grundgesetzes feindselige Absichten bestünden, vor denen sich alle vorsehen müßten.

Freund K. befürchtet... ein Umschlagen der Feindbilder wie bei einer Wippe: Der Feind wird für einen Freund gehalten, und der Freund, der Verbündete, der das nicht einsieht, wird mit Zwangsläufigkeit zum Feind erklärt.

«Friede» und Friede Ein «Friede», wie ihn Mauer und Stacheldraht stiften, verdient eher Anführungszeichen als der Friede, den militärische Abschreckung sichern half.

Friedenssehnsucht, naive ... dominiert hier die naive Friedenssehnsucht einer Generation, die von Bedrohungen, die es in dieser Welt gibt, aus Bequemlichkeit nichts wissen will.

Fahrt, freie Die sowjetische Panzer-Armada hätte weitgehend freie Fahrt, ... die Nato kaum eine Eindringchance.

Führung, innere Bei den sowjetischen Streitkräften herrscht immer noch das 18. Jahrhundert... Nur die sowjetische Armeeführung muß sich ändern. Sie muß endlich moderne Grundsätze der inneren Führung entwickeln.

Gegner Die Nato hat es beim Gegner auch nicht mit Rubeln zu tun, sondern mit Flugzeugen, Schiffen, Panzern und ausgebildeten Soldaten in bestimmter Quantität und Qualität.

Hand, freie (Die Sowjetunion legt es darauf an), mit ihren interkontinentalen Waffen die Interkontinentalwaffen Amerikas niederhalten zu können und dabei in Europa freie Hand für Drohung mit Gewalt zu gewinnen.

Interessen, eigene Wem der Wille fehlt, bei den Mittelstreckenwaffen die eigenen Interessen entschieden zu vertreten, dem traut man auch nicht zu, eine dritte Null-Lösung abzulehnen, wenn sie von Moskau angeboten wird.

Krieg, konventioneller (wäre) nicht weniger verheerend als ein atomarer.

– In Vietnam ist der Welt vor Augen geführt worden, welch grauenvolle Auswirkungen ein «bloß» konventionell geführter Krieg heute hat.

Kriegsschauplatz Den Deutschen allein (schieben Amerika und die meisten Verbündeten) das Risiko des nuklearen Kriegsschauplatzes zu.

Manöver Daß die Namen militärischer Großübungen trutzig-martialisch klingen, mit zum Ausdruck bringen, daß da nicht nur geübt, sondern Stärke zum Zwecke der Abschreckung demonstriert werden soll, ist man von alters her gewohnt. Werden Tiere für die Namensgebung herangezogen, so sind es die starken, ihren Bereich dominierenden, Beute jagenden Raubtiere, was bei der Nato zur Verteidigerposition in einer Situation zumindest anfänglicher Schwäche nicht paßt.

Meinungsdruck, zunehmender in Richtung Pazifismus in der Bundesrepublik.

Menschen, kulturlose Heißt das, daß hohe Militärs kulturlose Menschen sind? Die das bejahen, wissen offenbar nicht, wovon sie reden.

Mut Die Nato braucht jetzt neuen Mut.

Naive Aber Rüstungskosten und Entwicklungshilfe in eine erwartungsvolle Beziehung zu bringen, beeindruckt Naive fast immer.

Null Ablehnung jeder weiteren Null, die auf die schiefe Ebene der «Denuklearisierung» führen könnte.

Pazifismus Der Schock der Bomben von Hiroshima und Nagasaki vom August 1945 hat das Bewußtsein der japanischen Bevölkerung in Richtung Pazifismus verändert. Entsprechend gering ist heute das Ansehen der Streitkräfte im eigenen Lande. N. hat viel darangesetzt, diese Beziehung zu verbessern.

Pazifismus, naiver der sich eine Bedrohung durch die totalitären Regime des Ostens nicht mehr vorstellen kann.

Pflicht, heikle von Männern, im Krieg andere Menschen töten zu müssen.

Raketenverhandlungen Das Angebot zu Raketenverhandlungen soll alle anderen Fragen ersticken.

Risiken, atomare Die anderen haben sich von den atomaren Risiken weitgehend abgekoppelt; die übrigbleibenden Atomwaffen auf deutschem Boden dienen, ihrer kurzen Reichweite wegen, im Ernstfalle eher der Selbstabschreckung, um nicht zu sagen der Selbstvernichtung.

Rüstungskontrolle kann nicht Kernstück und fast ausschließlicher Inhalt der Ost-West-Beziehungen bleiben.

Schachspiel Schachspiel und Ost-West-Konflikt haben drei Regeln gemeinsam: die Welt ist zweigeteilt, konventionelle Bauern und nukleare Ritter existieren auf unterschiedliche Weise, und die Spieler stehen, ob sie wollen oder nicht, unter ständigem Zugzwang.

Schatten Die 72 Pershing 1 A sind nur ein Schatten ihrer selbst.

Schema, geistloses der «Null-Lösungen».

Schießkrieg am Golf.

Schlachtfeld-Schicksal rückt unabwendbar auf die Deutschen zu.

Sehnsucht nach Frieden Die FDP hat schnell die Sehnsucht nach Frieden erkannt, die viele Deutsche dazu bringt, in Gorbatschow schon jetzt den Abrüster, in Amerika beinahe den Störenfried zu sehen.

Sollbruchstelle Moskau ist es gelungen, die Sollbruchstellen der Nato freizulegen. Der Westen muß versuchen, das zum Positiven zu wenden.

Sowjetunion Ziel der Sowjetunion bleibt es, Westeuropa und vor allem die Bundesrepublik zu denuklearisieren und zugleich die eigene konventionelle Invasionsfähigkeit zu erhalten.

Überlegenheit Denn es gibt sie nicht, die große technologische Überlegenheit des Westens bei den konventionellen Waffen.

Verteidigungshaushalt Dabei geht es nicht um technische Überlegenheit, sondern nur noch darum, zu verhindern, daß die Verteidiger schlechter bewaffnet sind als der potentielle Angreifer.

Werte-Bündnis, westliches Am schlimmsten wäre es, wenn der erzwungene Mitverzicht auf Abschreckung, der der Bundesrepublik eine singuläre Gefährdung bringt, ihr nun das Nato-Bündnis verleidete. Es bleibt immer noch ein westliches Werte-Bündnis.

Wirkung, große Daß man auch mit einfachen und billigen Waffen große Wirkung erzielen kann, läßt sich derzeit am Golf verfolgen: Die dort ausgesetzten Minen stammen teilweise aus der Zeit des Ersten Weltkriegs.

Wüste (Was die Sowjets) wohlweislich nicht aus der Hand geben, reicht aus, Deutschland in eine Wüste zu verwandeln.

Der Osten (Warschauer Pakt) ist militärisch in allem überlegen und drängt zum Krieg, der unterlegene Westen (die Nato) zum Frieden.

Darum dient die Abrüstung im Osten der Aufrüstung, die Abrüstung im Westen dagegen hat etwas Selbstmörderisches. Sie dient bestenfalls zur Beruhigung der Pazifisten.

Langfristig ist zu beachten: Hochrüstung bleibt das entscheidende Mittel, den Kommunismus von innen her wirtschaftlich ausbluten zu lassen.

Auch in Zeiten der «Entspannung» ist es wichtig, feindfähig zu bleiben. Denn die Unfähigkeit, in Kategorien weltpolitischer Feindschaft zu denken, ist eine typische Krankheit unserer Wohlstandsgesellschaft.

Übungen

Übung 1:
a) Vergessen Sie neben der technischen die moralische Aufrüstung nicht!

b) Formulieren Sie das im Stil der achtziger / neunziger Jahre!

Übung 2: *Warum sind die Abrüstungsangebote des Ostens so heimtückisch?*

Übung 3: *Moskau will erpressen, vor allem die Deutschen.*
a) Was ist jede sowjetische Waffe?

b) Wer wird besonders in die Zange genommen?

c) Was ist Abrüstung mit Rüstungskontrollen?

Übung 4:
a) Wie nennen Sie die als Rüstungsexperten verkleideten Pazifisten, die unseren Experten widersprechen?

b) Was ist der Gipfel der pazifistischen Ungeheuerlichkeiten?

Übung 5: *Formulieren Sie den Wunsch nach Erprobung deutscher Streitkräfte und Waffen in aller Welt!*
a) Möglichst diplomatisch!
b) Möglichst offen!
Übung 6: *Weisen Sie gelegentlich darauf hin, daß im Krieg verteidigt und erst in zweiter Hinsicht getötet wird!*

Merksätze

Soldaten leisten für den Frieden mehr als die Wehrdienstverweigerer.

Die Nato ist nicht mehr, was sie einmal war, und sie wird es auch nicht mehr werden.

Militärische Macht braucht nicht gewaltsam ausgeübt zu werden, wenn ihre Überlegenheit offenkundig ist.

Ob die Drohung mit der Apokalypse bei einer begrenzten Aggression in Europa glaubwürdig wirkt, ist zweifelhaft.

Wer diffamiert, dient nicht dem Frieden.

EUROPA

Lesetext 1: Das große Spiel um Europa wird heute nicht mehr – jedenfalls nicht mehr allein – nach den Regeln Peters und Katharinas gespielt, und auch nicht mehr allein nach den Regeln Stalins.

Lesetext 2: Europäer sollten... sich ihren Platz an der Sonne sichern, statt nur auf das zu reagieren, was in Washington und Moskau geschieht. Sonst bleiben sie wehrlos der Offensive unter dem Kennwort «gemeinsames Haus Europa» ausgesetzt, die Gorbatschow nun erst recht vorantreiben wird.

Lesetext 3: Aber absurd ist die Vorstellung von einem Europa, in dem nett gewordene, Menschenrechte achtende, Wettbewerb akzeptierende, also sich vom Westen kaum unterscheidende kommunistische Regime mit den Demokratien zusammenleben, in regem Austausch und bei freundschaftlicher wechselseitiger Anregung.

Kleine europäische Länderkunde

Albanien   Das kleine Land an der östlichen Adria will offensichtlich an seinem Leben etwas ändern.

Bulgarien   s. Jugoslawien

Däne, der   Der Däne, der Meyer heißt.

Frankreich   Französische Revolutionen enden in Restaurationen. Gesetzliche Reformen verschlafen ihre Existenz in Bibliotheken. Das soll aber nicht generell heißen, daß sich in Frankreich nie etwas ändert.

– Der Niedergang Frankreichs als Industrienation geistert durch Zeitungen, Radio und Fernsehen. Selbst in den Bistros wird darüber gesprochen.

– Der Franzose trägt auch 1987 sein Herz noch immer links, seinen Geldbeutel aber rechts.

– Der deutsche Beobachter darf allenfalls mit Erleichterung feststellen, daß der Prozeß gegen den einstigen SS-Obersturmbannführer in Frankreich keine deutschfeindliche Stimmung erzeugt hat.

Großbritannien Was gestern noch «abenteuerlich» hieß, gilt heute als orthodox. Die politischen Pole scheinen ausgewechselt: Labour, das sich radikal nennt, versucht möglichst viele der alten Zustände zu erhalten. Die Konservativen erscheinen als radikale Neuerer. Die Initiative in England kommt nicht mehr von links.

– In England haben die Verbrechen in furchterregendem Maße zugenommen.

– England bietet vermutlich mit seiner hohen Arbeitslosigkeit, dem großen Anteil ungelernter Arbeiter, den zweieinhalb Millionen Farbigen mit ihren besonders trüben Berufsaussichten, wozu schlechte Wohnverhältnisse kommen, einen besonders fruchtbaren Boden für Kriminalität.

– Frau Thatcher hat nicht immer recht.

Italien Die Italiener waren schon immer Super-Europäer... (Sie) zelebrieren... viel lieber ihre Regierungsdauerkrise und lassen dem wieder virulent werdenden Inflationspotential freien Lauf.

– Auch Rom hat sich gegenüber den deutschen Südtirolern verhärtet.

– Die Italiener sind den Albanern in mehrerlei Sinn näher als die Deutschen.

– Die Italiener können sich an phantastischen Berechnungen berauschen.

– Italien lebt über seine Verhältnisse.

Griechenland s. Jugoslawien

Jugoslawien gilt heute dem Publikum in Ost und West und Süd nicht viel mehr als Bulgarien oder Griechenland und weit weniger als Polen, die DDR oder Spanien.

– Jugoslawien verfängt sich immer mehr in zwischennationalen Konflikten und Inflation.

Norwegen s. Schweden

Österreich In Österreich steht die Ruhe auf dem Spiel ... Die Arbeiter der verstaatlichten Industrie verstehen die Welt nicht mehr.

Polen Mit strikter Legalität, Wahrhaftigkeit und mitmenschlicher Rücksichtnahme ist in Polen der Lebenskampf kaum zu bestehen.

– Den Menschen fehlt der Glaube, daß sie durch eigener Hände Arbeit ihre Lage verbessern könnten. Es ist vermutlich auch dem Alkohol zuzuschreiben, der immer mehr Polen als Zuflucht dient, daß die Hoffnungslosigkeit nicht wieder in Aufruhr umgeschlagen ist. Auf Dauer aber kann das die Regierung nicht retten. Sie muß mehr herausrücken als nur die Flasche. Das hat sie jetzt getan.

Portugal Der großen rhetorischen Gesten müde, setzen die Portugiesen jetzt ihr Vertrauen in einen nüchtern wirkenden Mann mit Sachverstand auch in Detailfragen und politischem Fingerspitzengefühl.

Rumänien Gorbatschow ... scheint abzuwarten, bis ihm dieses Land eines Tages wieder zufalle, wie eine reife Frucht in die Schürze.

– Die Verelendung dort ist ein entstellender Fleck auf dem Gesicht Europas.

Schweden Allzu oft hat sich Schweden als Kritiker der Verhältnisse in anderen Ländern aufgespielt, moralische Kategorien als Maßstab anlegend und selbstgerecht in der Überzeugung, vorbildhaft die Aufgaben bewältigt zu haben, die einer modernen Gesellschaft gestellt sind. Nun ist man mit sich selbst beschäftigt.

– Nirgendwo sonst gibt es so viele Behörden, die den Bürger von der Geburt bis an den Rand des Grabes bevormunden.

– Es stimmt nachdenklich, wenn auch Schweden und Norwegen (verwundete Guerilleros aus El Salvador aufnehmen)... Die Naivität skandinavischer Länder, was Mittelamerika angeht, hat Tradition.

Schweiz Wenn wir auch noch weit davon entfernt sein mögen, «ein Volk von Erben» zu sein wie unsere schweizerischen Nachbarn.

Spanien Was müßte einem Spanier geboten werden, um im Ernstfall sozusagen abschreckend zu wirken (in der Bundeswehr) und weiter hier zu bleiben?

Tschechoslowakei Es hätte nichts Überraschendes, wenn im nächsten Jahr aus Prag Neuigkeiten kämen.

Ungarn Die Ungarn haben sich von ihrem Lebensstil und vom Beifall des Westens einlullen lassen.

Hinweise für die Praxis

Europa ist gut, solange es deutschen Interessen nicht schadet.

Übungen

Übung 1:
a) *Was ist das Wichtigste an und in Europa?*
b) *Warum braucht Europa einen Markt ohne Grenzen?*

Übung 2:
a) *Welche Opfer bringen letztlich immer wieder wir Deutschen für Europa?*
b) *Weisen Sie dann und wann auf die ökonomische Inkompetenz unserer europäischen Partner hin!*

Übung 3:

a) Die Deutschen sollen sich ihrer Interessen nicht schämen müssen!

b) Wenn die anderen ihre Egoismen haben, steht uns auch Egoismus zu!

Übung 4: *Was klafft zwischen Sonntagsreden der Europa-Politiker und dem mühsamen Alltag zu Hause?*

Übung 5: *Was wäre das Schlimmste für Westeuropa?*

Übung 6:

a) Verwahren Sie sich gegen Einmischungen und Angriffe von Nichteuropäern und auf die europäische Moral!

b) Scheuen Sie sich nicht, wenn nötig die Juden für innereuropäische Turbulenzen verantwortlich zu machen!

Merksätze

Der alte Idealismus ist dahin.

Die Pfiffe in dem Theater, das «Europa» spielt, werden lauter.

Europa ist zunächst mal ein Grundstück; und dieses Grundstück ist durch Stacheldraht, Todesstreifen und eine Mauer geteilt.

Daß der Fortschritt in Europa eine Schnecke ist, wird seit langem achselzuckend hingenommen.

Dem Euro-Pessimismus freien Lauf zu lassen, darf nicht unsere Devise sein.

DER REST DER WELT

Kleine Länderkunde

Afghanistan Selbst Tierschützer haben es leichter, öffentliches Interesse für ihre Belange zu wecken, als Afghanen.

Afrika Ist es überhaupt wünschenswert, Afrika so sehr in den Mittelpunkt zu stellen? ... Für einen wirklich intensiven «politischen Dialog», wie ihn sich afrikanische Politiker vorstellen, bleibt keine Zeit, wenn die Gewichte in der deutschen Außenpolitik richtig verteilt sind. Das klingt hart. Aber es wäre besser, die afrikanischen Regierungen über die Schwerpunkte der deutschen Politik nicht im unklaren zu lassen, statt sie in dem Irrglauben zu lassen, Afrika könne den Mittelpunkt dieser Politik bilden.

Amerika *stets gleich* USA, *siehe dort.*

Asien Für die nächsten Jahrzehnte wird aller Voraussicht nach Asien im Zentrum der deutschen Außenpolitik stehen müssen. Dort leben jene großen Völker, deren wachsende Wirtschaftskraft ihnen wachsendes Gewicht verleihen wird. Afrika wird da auf absehbare Zeit weit zurückbleiben.

Brasilien (zeigt) Großmachtsucht.

Chile Die unheilvolle Entwicklung über Allende zu Pinochet.
– Chile ist kein totalitäres Land, wohl aber eine Diktatur. Seine Staatsgewalt muß sich geradezu aufgefordert fühlen, Strafen zu verhängen und sie zu vollstrecken,

191

wenn von jenseits des Ozeans unentwegt suggeriert wird, es sei undenkbar, daß dort ordentliche Gerichtsverfahren stattfänden.

– Chile ist eine Diktatur mit hohem Unrechtsgehalt. Dutzende andere haben einen höheren ... Es nützt niemandem, das in der Welt isolierte Chile als Gelegenheit für billiges Heldentum zu nehmen.

– Daß in Chile gefoltert wird, ist als generelle Aussage zutreffend; der Einzelfall freilich ist zu beweisen.

China Das ist keine Weltmacht; aber in unserer Welt werden die Mittleren und die Kleinen allmählich wichtiger.

– Von einem Entwicklungsland wie China wird allerdings niemand eine rasche Anpassung an unternehmerisch ausgefeilte Kosten-Nutzen-Rechnungen erwarten.

– Die Chinesen hängen an ihren alten Autos.

– China, dessen Einwohner wohl in erster Linie Chinesen und dann erst Kommunisten sind.

Cuba Daß Fidel Castro verwundete Guerilleros aus El Salvador aufnimmt, verwundert nicht.

Indien Nicht nur die Natur wirft das Land immer wieder zurück.

– In vielen Fällen hatte er (R. Gandhi) auszulöffeln, was seine Mutter ihm eingebrockt hatte.

– «Positive» Nachrichten aus Indien sind im Ausland häufig keine Nachrichten.

Irak Daß er (der irakische Präsident) sich provozieren ließ, war zwar schuldhaftes Versagen, aber noch nicht alleinige Kriegsschuld. Für Deutsche sind die Erwägungen ohnehin irrelevant.

Irak / Iran Es bleibt dabei, der Orient ist ein Land der Wunder.

Iran Deutsche und Perser sind sich tatsächlich seit Jahrhunderten meist freundschaftlich begegnet ... Schon im vorigen Jahrhundert reiste der Qadscharen-Herrscher Schah Nasseroddin mit seinem Harem durch das Reich Bismarcks. Diese guten Beziehungen wurden in diesem Jahrhundert fortgesetzt.

– Solche Hitzköpfe pflegen auf wirtschaftliche Notwendigkeiten wenig Rücksicht zu nehmen.

– Iran ist nicht Libyen.

Israel   Die regionale Großmacht Israel (ist) in ihrer Mentalität immer noch stark ... von Erinnerung an den nationalsozialistischen Genozid geprägt.

Japan   Viele Japaner sehen bereits heute ihr Land als Nummer eins.

– Japan ist heute eine der führenden Wirtschaftsmächte in der Welt.

– Gewiß, Japan sah in der Nachahmung schon immer ein gutes Verfahren des Lernens. Eigenständige Leistung war Fernöstlichem lange Zeit fremd.

Kanada   Unbekannte Ufer suchen die Kanadier gewöhnlich im weiten Norden, nicht im politischen Süden.

Libanon   Jahrzehnte des Kampfes haben Brutstätten des Terrorismus geschaffen. Das liegt wie ein schwerer Schatten über diesen Menschen.

Libyen   Oberst Gaddafi, ein bekannter Terrorist.

Marokko   Der Krieg gegen die Polisario kostet viel Geld. Allein – das ist kein Problem der Europäer.

Mexiko   Blutig ging es auch in Mexiko vor den Olympischen Spielen zu. Die Spiele fanden statt, und nachher war nichts besser oder schlechter als vorher. So ist es nun mal mit den Spielen in der Welt.

Mittelamerika   Die ideologischen Gräben in der Region sind tief.

Nicaragua   Nur wenn den Sandinisten ihre destabilisierende Politik verleidet wird ... kann Mittelamerika eine Chance bekommen, seine regionalen Probleme auch regional zu lösen.

– Vorzeigbare militärische Erfolge (der Contras) sind ... ausgeblieben.

– Kompromißmöglichkeiten gibt es da nicht: entscheidend wird sein, wer aus innenpolitischen Gründen nachgeben muß – Washington oder Managua.

Osten, Mittlerer Zwischen Kabul und Beirut gibt es reale Feindschaften, innere wie äußere; die dazugehörigen Feindbilder haben – leider – eine feste Kontur. Ein einseitiger Entschluß zu ihrem Abbau, falls überhaupt dort jemand auf den Gedanken käme, würde dem Entschlußfasser Schaden bringen.

Pakistan Jede falsche Bewegung kann das Faß der antiamerikanischen Emotionen in Pakistan zum Überlaufen bringen.

– Karatschi ist ein riesiges Pulverfaß, das gerade erst beginnt, in die Luft zu gehen.

Panama könnte für Amerika bald zu einem großen Problem werden.

Philippinen Generalstabschef R., der sich klug zurückhält für den Tag, da Frau Aquino und ihre Mannschaft nicht mehr weiter wissen.

Saudi-Arabien *gekennzeichnet* durch Prinzengarde und Prinzenclan.

Südafrika Beim Stichwort «Südafrika» weiß jeder sofort, wie er «richtig» zu reagieren hat. Aber...

– Der Weg zu einer fairen Machtteilung in Südafrika kann nur von den Bewohnern dieser Republik gefunden und abgesteckt werden.

– Die brutale Härte... zeigt allmählich Wirkung.

– Daß die lautesten Ankläger der immer noch praktizierten Rassentrennungs-Politik Südafrikas die ungeeignetsten Druckmittel empfehlen, ist nichts Neues.

– Nicht in der Schwächung, sondern in der Stärkung der Wirtschaft des Landes liegt (darum) die Hoffnung auf Durchsetzung der Menschenrechte.

– Sanktionen... haben politisch das Lager der Reformgegner gestärkt.

– Wenn aber die schwarzen Südafrikaner die demokratischen Spielregeln nicht bald lernen, rücken sie ihre politische Gleichberechtigung in weite Ferne.

Südkorea Wer hat in Südkorea eigentlich «recht»? Wer am lautesten und treuherzigsten versichert, nichts anderes als «mehr Demokratie» für dieses Land zu wollen? Daß dessen Zustände westlichen Freiheitsansprüchen nicht genügen, ist offenkundig. Aber...

– ... zu fragen, ob an ein fernöstliches, chinesisch geprägtes Kulturland dieselbe Elle angelegt werden kann wie an ein christlich geprägtes in der Mitte Europas.

– Ideologisierungen erhöhen nirgends, auch nicht in Ostasien, die Friedfertigkeit.

Syrien Das marode Syrien.

– Zu oft sind Politiker, darunter auch deutsche, befriedigt aus Damaskus abgereist und wenig später unsanft aus diplomatischen Versöhnungsträumen geweckt worden.

Tunesien Und an seinem (Bourgibas) kantigem Charakterkopf hätte Johann Caspar Lavater seine helle Freude gehabt.

USA *gleich* Amerika

– (Die Amerikaner) wollen einen Führer, einen Propheten, der der Nation den richtigen Weg durch die Gefährdungen der Welt zeigt.

– Die Deutschen genießen in Amerika Ansehen und Respekt.

– Reagans siebenjähriger Umgang mit dem «Reich des Bösen» unterlag reizvollen Schwankungen.

– Ist jene Unverwundbarkeit wiederzugewinnen, welche die Weltmacht im Zeichen nuklearer Parität verlor?

– Hat jemand nach dem Gesicht des amerikanischen Präsidenten gefragt, als er den Befehl zum Rückzug aus Vietnam gab?

– Wird in Washington Kirchturmpolitik getrieben?

Hinweise für die Praxis

Der moderne Konservative muß weltoffen sein: Die Welt ist so groß wie der Weltmarkt.

Da nicht alle Länder mit der Elle der Demokratie und der Grundrechte gemessen werden können, ist der Umfang des Exports der Bundesrepublik in die betreffenden Länder immer noch der beste Gradmesser für politische Sympathie.

Im Zweifel gilt: Die anderen Länder haben unseren Interessen zu dienen, nicht wir den ihren. Davon können auch die Drittweltstaaten, die gern mit ihrer Armut hausieren gehen, nicht ausgenommen werden.

Übungen

Übung 1: *Unterlaufen Sie die «Dritte-Welt»-Sentimentalität!*
a) Wer versteht das Weltgeschehen nicht so recht?
b) Werten Sie diese Staaten kurz und bündig ab!
c) Formulieren Sie diplomatisch: Die Befreiung muß man schon uns überlassen!

Übung 2:
a) Weisen Sie jede Unterstellung zurück, westliches Kapital sei an der Verarmung der Entwicklungsländer schuld!
b) Was beweist die totale Inkompetenz dieser Staaten?
c) Wer sind die Opfer der Entwicklungsländer?

Übung 3:
Beziehen Sie die Maxime «Quod licet Jovi, non licet bovi» auf die Weltpolitik!

Übung 4: *Demokratie ist nicht für alle gut!*

Übung 5: *Seien Sie unerbittlich gegenüber Feinden der Freiheit!*
a) Fordern Sie gegen Nicaragua (nicht aber gegen Südafrika) wirtschaftliche Sanktionen!
b) Wer ist verantwortlich für Mord und Terror dort?

c) Wie nennen Sie den Verhandlungswillen, sollte er nicht zu leugnen sein?

d) Wie mißglückte Militäroperationen der Freiheitskämpfer (Contras)?

Übung 6: *Zeigen Sie hin und wieder, daß Sie so frei sind, auch unsere amerikanischen Freunde zu kritisieren!*

a) Was muß man ihnen als Marktwirtschaftlern vorwerfen?

b) Und als Politikern?

c) Und als Demokraten?

Merksätze

Die Welt ist voller Barrikaden, Zäune, Mauern, Minenfelder und Schützengräben – in den Köpfen so real wie auf der Erde.

In jeder amerikanischen Großstadt stoßen erste und dritte Welt zusammen.

Dem Westen fehlt überhaupt eine Vorstellung davon, wie eine künftige Weltordnung aussehen sollte.

Die Karten der Welt sind neu gezeichnet, die Geographie der Macht wurde davon nicht berührt.

Das Gefühl, wirtschaftlich in einer Welt zu leben, schafft den Wunsch nach grenzüberschreitenden Formen der Solidarität.

SPRICHWÖRTER ZUM
ALLTÄGLICHEN GEBRAUCH

Anfänge   Auch harmlose Anfänge haben ihre Tücken.

Aura   Nichts ist für Porsche gefährlicher als eine Aura des Verlierers.

Dinge   So einfach liegen die Dinge nicht.

Eier   Niemand weiß, wann die nächsten faulen Eier aufbrechen.

Erfolge   sind eine relative Sache. Wer nach Australien reisen will und bis Altona auf die Chaussee kommt, hat relativ wenig erreicht. Wer sich überhaupt nicht bewegen konnte und es dann schafft, den Fuß vor die Tür zu setzen, darf davon sprechen, man sei immerhin weitergekommen.

Fehler   Wer eingesehen hat, daß er einen Fehler gemacht hat, wird ihn nicht so leicht ein zweites Mal begehen.

Geduld   Warum die Geduld verlieren, wenn Land in Sicht ist?

Gespräche   Vernünftige Gespräche sind notwendig. Wunschdenken und Ideologie – welcher Färbung auch immer – schaden.

Gutes   Aber auch Gutes entwertet sich im Übermaß.

Herkules, doppelter   Das «doppelte Lottchen» kennt man; den «doppelten Herkules» gibt es nicht.

Hessen   In Hessen ist nichts unmöglich.

Jahr   Das alte Jahr geht, und das neue Jahr kommt.

Kompromiß   Der Kompromiß wäre, abzumagern, ohne sich zu entäußern.

leben   Man lebt nicht ungestraft über seine Verhältnisse.

Massengesellschaft   In der Massengesellschaft gibt es ohnehin keine Könige.

Mitglied Wer nicht Mitglied eines Vereins ist, kann den Vorstand nicht mitwählen.

Nächstliegende Wer das Nächstliegende verwirft, muß sich in abseitige Lösungen flüchten.

Neid Die Frucht allzu vieler guter Taten ist der Neid.

Not macht erfinderisch, sagt der Volksmund, aber auch: Es ist nicht alles Gold, was glänzt.

Politiker Politiker, gleich welcher Position, sind letztlich auch nur Menschen.

Rebellen Wenn man dem Angestelltenstatus nahe ist, kehrt man fast instinktiv den Rebellen hervor.

Reform Jede Reform bedarf einer Idee.

Sachen, dumme Es gibt dumme Sachen, über die gar nicht schnell genug Gras wachsen kann.

Schlagworte Wenn Argumente fehlen, stellen sich rechtzeitig Schlagworte ein.

schwieriger Es wird schwieriger.

Selbstlosigkeit ist eine nicht allzu weit verbreitete Tugend.

Spitze Wo sich keine Spitze finden läßt, fangen meist die Probleme an.

Superschlau ist manchmal weniger als schlau.

Tinte Wer in der Tinte sitzt, wünscht sich, daß er bald herauskomme. Wer aber insgeheim wünscht, daß sein Gegner auch in die Tinte gerate, der steckt besonders tief drinnen.

Vernunft Gegen Vorsicht... ist nichts einzuwenden, wenn im übrigen die Vernunft die Oberhand behält.

Welt Es ist, als sei die Welt aus den Fugen geraten.

Zugeständnisse haben in der Politik einen Preis, der irgendwie beglichen werden muß.

Hinweise für die Praxis

Wo immer ein Argument fehlt, wo eine Lücke, ein Abgrund ist – mit einem guten Sprichwort und den Merksätzen dieses Buches werden Sie jede Schwierigkeit überbrücken.

BEISPIELHAFTE LÖSUNGEN FÜR DIE ÜBUNGSAUFGABEN

1. Tag Der Mensch

Übung 1: Die Rolle des Individuums ist keineswegs durchgängig von gleicher Bedeutung; sie ist verschieden, je nach Sachgebiet.

Übung 2: Wenn man es schaffen könnte, falsche Vorstellungen von menschlicher Würde auszuräumen, wäre eine Menge gewonnen.

Übung 3: Die Scheidung zwischen guten und bösen Menschen.

Übung 4: Den Menschen muß geholfen werden, nicht den Maschinen.

Übung 5: Es dient einer richtigen Entscheidung in dieser schwierigen Sache nicht, die vierzehn (chilenischen Häftlinge) pathetisch mit dem Wort «Menschen» zu charakterisieren. Das sind sie gewiß; aber nun geht es darum, was für Menschen.

Übung 6: Menschenrechts-Proklamationsreisen.
Menschenrechte sind zur kleinen Münze geworden.

2. Tag Die Natur

Übung 1: Zugleich ist er (der Wald) jedoch eine Stätte beglückender Stille, ein Platz des Aufatmens. Aber die großen dichten Wälder haben denn doch auch etwas von Düsternis.

Übung 2: Jedes Gramm Soja, das in der Wurst verschwände, verlängerte die Lebenserwartung der deutschen Rinder und Schweine.

Übung 3: Handfeste Wünsche im eigenen Namen vorzutragen entspricht der herrschenden Mentalität eben besser als der Einsatz für eine Natur, die ihre Rechte selbst nicht geltend machen kann.

Übung 4: Der Bonner Hofgarten, eine große Wiese, die nicht besser wird davon, wenn die hunderttausend, die erwartet werden, darauf herumtreten und Abfall zurücklassen.

Übung 5: Daß Buchen und Eichen jetzt sogar stärker geschädigt sind als die Fichten, mag den hartnäckig wiederkehrenden Verdacht entkräften, die «Monokulturen» der Forstwirtschaft seien der Grund allen Übels.

Übung 6: Im Sommer, zur Ferienzeit, steigt sie nun seit Jahren regelmäßig an, die Arbeitslosigkeit.

Nun ist dieser garstige Sommer endlich zu Ende, und fast programmgemäß geht die Arbeitslosigkeit zurück.

Hinzu kamen ein langer, kalter Winter und ein frostiges Frühjahr, die sich in den ersten Monaten wie Reif auf die deutsche Wirtschaft legten.

3. Tag Die Gefühlswelt

Übung 1: Einer Zeit der relativen Ruhe folgt die Unruhe: diesmal «links». Heute kommt die Unruhe aus dem Überdruß... dominiert hier die naive Friedenssehnsucht einer Generation, die von Bedrohungen, die es in dieser Welt gibt, aus Bequemlichkeit nichts wissen will.

Übung 2: (Mit dem Verhandeln über die «Null-Lösung») wird nicht Glaubwürdigkeit belegt, sondern Mangel an Mut, das für richtig Erkannte zu tun.

Übung 3:
a) Rausch der Null-Lösung.
b) Die Art, in der diese Selbstschwächung (des Präsidenten der USA) zur systematischen Demontage ausgeweitet wird, ist politischer Masochismus.

Übung 4: Der Tod von R. H. hat, auch in Zeitungen westlich verbündeter Länder, zu Aufwallungen geführt: der Neonazismus erhebe sein Haupt.

Übung 5: Trost und die Hoffnung auf bessere Zeit kam aus der Emotion.

Übung 6: (Das Jubeljahr ermöglicht der Stadt Berlin) die Besinnung vom Altgewohnten auf das Alte, über das lästig Gegenwärtige, *die Mauer*, und das schlimm Erinnerliche, *die Nazi-Vergangenheit*, hinaus.

4. Tag Die Frau

Übung 1: Ähnlich bedrängend haben... viele die Fragen empfunden, vor welche die Physik, die Chemie, die Biologie, Gen- und Computertechnik die Menschen stellen. Zu diesen Themen kommt die Frauenfrage.

Übung 2:

a) Stellenausschreibungen für Sekretärinnen, nicht aber für Sekretäre! Gleichstellungsbeauftragte ... nur für Frauen ausgeschrieben.

b) Gegen die Diskriminierung der Frau wird die Diskriminierung des Mannes gesetzt ... Es ist offenbar wie bei einer Revolution – es wird alles anders, aber es ändert sich nichts.

Übung 3:

a) Ein gesetzlich festgezurrter Mindestanteil ist allerdings das Letzte, was engagierte Frauen wollen sollten.

b) Berufstätige Frauen fühlen sich hintangestellt und fordern zumindest spezielle Fördermaßnahmen, wenn nicht gleich die «Quote».

Übung 4: Die Hälfte der Bevölkerung, ihr weiblicher Teil, ist zur Minderheit avanciert.

Übung 5: Popularität hat Vorfahrt.

Übung 6: Man tut gut daran, hinter Blitz-Karrieren auch ungewöhnlicher Frauen nach der gegengeschlechtlichen Triebfeder zu suchen: «Cherchez l'homme». Und dann merkt man, daß Erfolg im allgemeinen und Emanzipation im besonderen meist nur das Ergebnis besonders intensiver Zusammenarbeit ist.

5. Tag Gesundheit und Krankheit

Übung 1: Die Kranken (beanspruchen) nicht nur eine zwölfmal, sondern eine «hundertmal» bessere Versorgung als 1957.

Übung 2:

a) Kartell der Kassen.

b) Das Krankenscheinsystem ... bestraft nur die Sparsamen.

Übung 3:

Standard-Medizin. Einheitsmedizin.

Übung 4: Wie etwa will er (der Minister, der einen «Krebspfennig» für Raucher vorschlägt) dem Hautkrebs durch Braten in der Sonne vorbeugen?

Übung 5: Die Konsumenten leben noch. Ein Phänomen, das der Erklärung noch harrt.

Übung 6: Daß Aids, diese rätselhafte Krankheit, eine Strafe Gottes für menschliche Hoffart, für Laster und Ausschweifung sei, ist etwas, das nicht nur die Frömmsten beschäftigt.

6. Tag Moral und Werte

Übung 1: Die Politik zu intellektualisieren, heißt in der Regel, den Blick von außen nach innen zu richten. Man fragt nicht mehr nach dem Erfolg des Handelns, sondern nach den Motiven des Handelnden, bringt also die Moral ins Spiel.

Übung 2: Manche, für die chronische Empörung zum Lebenssinn geworden ist, können sich offenbar nicht damit abfinden, daß Abrüstung nicht mit «moralischen Appellen» herbeizuführen ist, sondern nur durch hartes Verhandeln und nüchterne Abwägung von Sicherheitsinteressen.

Übung 3: Wer nicht mitmacht, zeigt, daß es ihm an Moral fehlt, und erst recht, wenn er auf sachliche Schwierigkeiten aufmerksam machen sollte. Im «Felder besetzen»-Spiel geht es häufig um die Besetzung moralischer Anhöhen, von denen aus die Moral des andern bezweifelt werden kann.

Übung 4: ... der in manchem, wie sich herauszustellen scheint, etwas gesagt hat, was nicht stimmt.

Übung 5: Unsere Fernsprechgebühren.

Übung 6: Gerade eine reiche Gesellschaft braucht Idealismus und Vorbilder; denn wer die unmittelbaren Bedürfnisse des Essens und Trinkens, der Kleidung und des Wohnens befriedigt hat, fühlt sich freier für die Beschäftigung mit geistigen Werten; er fragt desto nachdrücklicher nach dem Sinn.

7. Tag Die Kultur

Übung 1:
a) Politmagazine.
b) Politische Schlagseite.
c) ARD, *nicht aber das ZDF oder andere Sender.*

Übung 2:
Bildschirm-Redlichkeit. Versachlichung.

Übung 3:
a) ... dann ist vielleicht sogar der Intendant für einen entsprechenden Brief dankbar.
b) Einsichten.

Übung 4: Die Intendanten sollten bei diesen Einsichten nicht stehenbleiben, sondern sich zum Beispiel auch einmal ansehen, wie es in den Talk-Shows des Dritten Programms zugeht. Wer dort wie behandelt wird … Konsequenzen … wurden bisher nur zögernd oder gar nicht gezogen. Wird sich das ändern?

Übung 5:
a) Manipulieren.
b) Wann merkt das Publikum, wie es hier von bestimmten Bilder-Blättern manipuliert wird?

Übung 6:
a) Jene Kritiker, die nörgeln, bevor sie nachdenken.
b) Dieser Bekenntnis-Trieb.

8. Tag Sprache und Bildung

Übung 1: Konjunktur-Gründungen.

Übung 2:
a) Sowie die Ideologen und Schwätzer die Leistungsträger nicht mehr erdrücken, wird (die Gesamthochschule) Kassel auch nicht mehr ein Faß ohne Boden sein.
b) Die Schulen sind die Sieger.

Übung 3: Nicht (pädagogisch) die Bildung des Schülers, sondern (politisch) die Veränderung der Gesellschaft.

Übung 4:
a) Dies Integrationsfach entflechten.
b) Versachlichung.

Übung 5: Sich jeden politischen Mißbrauchs enthalten.

Übung 6: Dort (Budapest) verlangt man mehr Nahrung für den Körper, hier (Aachen) mehr Nahrung für den Geist. Das scheint der alten Regel zu gehorchen, daß es eine Reihenfolge der Bedürfnisse gebe: erst wer satt sei und ein Dach über dem Kopf habe, verlange nach geistigen Genüssen. Aber umgekehrt gilt auch, daß derjenige nicht mehr gern denkt, der zu satt ist.

9. Tag Die Kirche, das Übersinnliche

Übung 1: Allzu viele Pfarrer gebärden sich als verkappte Politiker und vernachlässigen die Seelsorge.

Übung 2: Kirchenmänner … (forschen) nicht nach den sachlichen Ursachen, sondern (glauben) aus dem Nebel der Ideologie heraus die Übeltäter mit nachtwandlerischer Sicherheit auszumachen. Man kommt auf die simpelste aller denkbaren Formeln: Der Kapitalismus ist schuld, er ist die Inkarnation des wirtschaftlich und politisch Bösen.

Übung 3: ...hat die Kirche in der Bundesrepublik die Chance, aber auch die Pflicht, sich auf die Verkündung des Glaubens zu beschränken. In der DDR gilt es, für die Christen die Gleichberechtigung in der weltlichen Ordnung zu erkämpfen.

Übung 4: Der Fuldaer Entschluß (ein Konto aufzulösen) wird zum Zeichen... für das Ende der Zusammengehörigkeit der Protestanten im Kirchentag.

Übung 5: Der bestehende Rahmen ist weit, die kirchenrechtlichen Regelungen sind offen genug, daß sich christliches Engagement von Männern und Frauen entfalten kann. Also an die Arbeit.

Übung 6: Der Papst trägt keine Rechtfertigungslast. Aber diejenigen hätten – nicht vor dem Papst, sondern vor dem Publikum – etwas zu erläutern, die Monat für Monat den österreichischen Bundespräsidenten willkürlich verunglimpfen.

10. Tag Fortschritt und Zeitgeist

Übung 1: Die gute alte Reichsbahn.

Übung 2: Die tiefere Ursache für solche Kurzsichtigkeit liegt im Zeitgeist.

Übung 3:
a) Eine etwas verschwommene Gleichheitsphilosophie.
b) G.s Kurs... wird als prinzipienloses Eingehen auf den Zeitgeist, als eine Verbeugung vor der «Stimmungsdemokratie» mit ihren jeweiligen Modetrends gewertet.

Übung 4: Auch die frühere Regelung (Geschwindigkeitsbeschränkung, unter rot-grüner Herrschaft erlassen) war nicht über Zweifeln erhaben: korrekte Autofahrer, die sich auf freien Strecken bemühten, «Zeit zu gewinnen», wurden von sturen Langsamfahrern auf beschränkten Strecken wieder eingeholt. Gegner der Beschränkung haben sie respektiert, ihre Befürworter hingegen gehörten oft zu jenen, denen staatliche Vorschriften sonst schnuppe sind.

Übung 5: Mit Verharren oder gar Rückkehr wäre niemandem gedient.

Übung 6: Manches Überkommene ist vorbei.

11. Tag Deutscher Charakter und deutsche Nation

Übung 1: Allesamt müssen sie (die Mittel, an die nationalsozialistische Vergangenheit zu erinnern) dazu führen, aus normalen Deutschen psychisch Geschädigte oder Verstockte zu machen.

Übung 2: Auch in das Fundament der Bundesrepublik ist die Erinnerung an die Hitlerzeit eingemauert... Aus dieser Erinnerung kommt freilich auch manche zeitgenössische Übertreibung, zum Beispiel jene, dem eigenen, freiheitlichen Verfassungsstaat jetzt mit jenem Argwohn zu begegnen, den mancher damals der Tyrannis nicht entgegenbrachte.

Übung 3: Wirkliche Gefahren drohen der Demokratie nicht von denen, die sich Vergangenes herbeiträumen. Gefährlicher ist die alte deutsche Neigung zur Rechthaberei... Da gibt es diejenigen, die ganz genau wissen, daß die Kernenergie den Tod der Menschheit ausmache, da sind die Sitzblockierer, die für sich in Anspruch nehmen, ein bißchen Rechtsbruch begehen zu dürfen, weil doch sie allein wüßten, was der Menschheit diene. (Das ist) die eigentliche Bedrohung des demokratischen Regierungssystems.

Übung 4: Der Hang der Deutschen zur Irrationalität, zur Romantik, zur Abkehr von einer rationalen und stetigen Politik.

Übung 5: Aufgabe einer deutschen Regierung, die die Einheit der Deutschen will, ist es dagegen, alles zu tun und zu unterlassen, was nötig ist, damit sich die Interessenlage der anderen Mächte so entwickelt, daß die Einheit der Deutschen deren eigenes Interesse wird.

Übung 6: ... wir hatten zunächst eine Wiedergutmachungspflicht. Da mußte abgetragen werden, was als Folge der Hitlerzeit und des Krieges entstanden war. So wurde ohne Murren hingenommen, daß die Bundesrepublik immer den größten Anteil an den finanziellen Lasten der Gemeinschaft trug.

12. Tag Wirtschaft und Gesellschaft

Übung 1: Die Konjunktur
a) Das Klima.
b) «Medien» lenken die Stimmung. Die Konjunktur wird zerredet, seit sie in diejenige Phase des Aufschwungs geraten ist.
Übung 2: Freiheit
a) Zurück in den arbeitsplatzvernichtenden und produktivitätsvermindernden Verteilungskampf oder vorwärts in eine Welt, in der möglichst

alle die Chance haben, ein wachsendes Maß an Wohlstand und Selbstbestimmung zu genießen.

b) Gerade im wirtschaftlichen Bereich gehört es zum liberalen Credo, Macht zu neutralisieren. Mehr noch: Eine freiheitliche Wirtschaftsordnung, die Macht nicht zu bändigen versteht, wird ihre Freiheit nicht bewahren können.

Übung 3: Arbeitslosigkeit

a) Die Politiker haben wieder einmal das Thema Arbeitslosigkeit entdeckt... Dabei sind die Zahlen, die F. jetzt genannt hat, keineswegs neu... Warum also plötzlich diese Erregung?

b) Kein düsteres Bild.

c) Unnützer, angesichts der konjunkturellen Lage aber psychologisch verhängnisvoller Aktionismus.

Übung 4: Fusionen

a) Wer als mächtig gilt, dem wird unterstellt, daß er die Macht nutzt. Und wer die Macht nutzt, ist immer dem Vorwurf ausgesetzt, er mißbrauche sie.

b) Diese Mittelstandsschützer ziehen also gegen etwas zu Feld, was sie teilweise selbst ausgelöst haben. Auch hier wird wieder einmal deutlich: in guter Absicht wird viel Schlechtes angerichtet.

c) Wettbewerbspolitisches Unbehagen.

Übung 5: Selbstbewußtsein

a) Jetzt nur nicht in die falsche Richtung schwenken!

b) Die Mächtigen der Wirtschaft sollten nicht nur nach Fehlern der Mächtigen in der Politik suchen.

c) Gemischte Gefühle sind erlaubt, aber Bangemachen gilt nicht. Verzagte gibt es genug, gebraucht werden Mutmacher.

d) Die robuste Konstitution.

Übung 6: Krisenmanagement

In einer von Unsicherheit geprägten Welt sind Fehlentscheidungen nicht nur nicht auszuschließen, sie gehören als unvermeidbare Störgrößen zu den Bestandteilen jeden Kalküls wirtschaftlichen und wirtschaftspolitischen Handelns.

13. Tag Der Markt

Übung 1: Das Wehgeschrei über die Konzentration im Handel wird wieder zum Chor anschwellen. Grund zum Handeln ist das nicht, allenfalls zum Nachdenken.

Übung 2:
a) Wollte man bösartig sein, so könnte man sagen, T. hat auf elegante Weise eine Konkurrenz ausgeschaltet, langsam, aber sicher.
b) Zum anderen verschwindet auch ein Stück Wettbewerb, und das Gewicht des Größten am Markt wird noch größer.

Übung 3:
a) Subventionen.
b) Eine aus feudalistischer Zeit in die Gegenwart projizierte Günstlingswirtschaft.
c) Wer Subventionen abbaut, der stärkt das Leistungsprinzip, der sorgt für gleiche Chancen im Wettbewerb, der stützt die kleinen gegen die großen Betriebe, der vereinfacht das Steuerrecht und trägt zu einer gerechteren Besteuerung bei.
d) Subventionsmentalität, Subventionsgießkanne, Subventionslawine.

Übung 4: Irgendwann wird sich auch in Berlin auf dem Wohnungsmarkt das Gesetz von Angebot und Nachfrage durchsetzen, und dann wird man Heulen und Zähneklappern hören. Die ordnungspolitischen Sünden zeigen ihre gnadenlosen Folgen schon jetzt.

Übung 5: Sollen ausschließlich Beamte darüber entscheiden, wie Computer, wie Satelliten- und Glasfasertechnik eingesetzt werden?

Übung 6: Ein weiteres Stück Wettbewerb wird verschwinden. Die Frage ist, warum?

14. Tag Der Sozialstaat

Übung 1:
a) Sozialpolemiker; Verteilungshelden; Verteilungsideologen mit ihrem schwer erträglichen Gezeter; Umverteiler und Subventionisten; Illusionisten in der Sozialpolitik; Ideologen.
b) Sozialer Neid, platter Populismus, Verteilungspolemik.

Übung 2: Mit Freiheits- und Wohlstandsverlusten.

Übung 3: Dauerhafte Mobilisierung ökonomischer Kräfte (zur durchgreifenden Lösung sozialer Fragen) – sozialpolitischer Primitivismus in Volksparteien.

Übung 4: Wir leben in einem Schlaraffenland für Schnorrer.

Übung 5:
a) Je großzügiger öffentliche Hilfen einzelnen Bevölkerungsgruppen zufließen, desto mehr steigt deren Unzufriedenheit.

b) Der Staat und die Sozialbürokratie sollten nicht der Versuchung erliegen, dem einzelnen Bürger vorschreiben zu wollen, wieviel er für seine Gesundheit ausgibt. Die Eigenverantwortung der Versicherten darf nicht noch weiter geschwächt, sie muß gestärkt werden.

Übung 6: Die Neigung der Partei (CDU) zum Populismus des vermeintlich Sozialen wird sich verstärken.

15. Tag Die Politik und das Regieren

Übung 1:
a) Das Publikum.
b) Das Publikum sieht seine Regierung gern einig; was richtig ist, steht auf einem andern Blatt.
c) Die vielzitierte Basis.

Übung 2:
a) Kluge Politik steht nicht im Widerspruch zur Rationalität des Wirtschaftens.
b) Politisches Geschäft, politischer Markt, politischer Betrieb.
c) Die Politik braucht ihre maßgeschneiderten Geschäftsführer wie die angesehenen Branchen.

Übung 3: Es ist nichts Anstößiges, wenn eine Regierung versucht, die Lebensbedingungen der Menschen zu verbessern.

Übung 4:
a) Die Verschüttung einer Lebensaufgabe – das ist mehr, als eine Staatsanwaltschaft und auch mehr, als ein Gericht eigentlich auf sich nehmen kann. Diese «Strafe» ist im Gesetz, an die beide gebunden sind, nicht vorgesehen.
b) Eine Art Ordnungsstrafe zu zahlen wegen des Nichteinhaltens einer Ordnung, die weithin ungeklärt war. (DM 180000)

Übung 5:
a) Sogenannte emanzipatorische Themen.
b) Dienstleistungsdemokraten; Volkspädagogen.
c) Die Politik zu intellektualisieren, heißt in der Regel, dén Blick von außen nach innen zu richten. Man fragt nicht mehr nach dem Erfolg des Handelns, sondern nach den Motiven des Handelnden, bringt also die Moral ins Spiel.

Übung 6: Gäbe es Anhaltspunkte dafür (daß die Debatte um Todesstrafe und Folter nur dem innenpolitischen Wettbewerb der Parteien diene), so folgte daraus der schreckliche Verdacht, daß hier Menschen und deren Todesangst zum zynischen Spiel um Zehntelstriche auf dem Politbarometer mißbraucht würden.

16. Tag Der Bürger und seine politische Heimat

Übung 1:
a) Der Bürger verlangt.
b) Normalbürger.
c) Mitbürger.

Übung 2:
a) Besonnene Leute.
b) Jeder Kundige weiß...

Übung 3: Den Bürger selbst hat bisher noch niemand gefragt. Warum ist man sich eigentlich so sicher, daß er keine Veränderung (der Post in einen Industrie-Dienstleistungsbetrieb) wünscht, mit dem Bestehenden vielmehr rundum zufrieden ist?

Übung 4: Nur ist, was G. unter Mitte versteht, links von der Mitte. Der Versuch..., die CDU aus der Mitte zu schieben...

Übung 5:
a) Nicht, weil die CSU den Autokraten Pinochet oder die Folter in Schutz nehmen will...
b) Die CDU (wer ist das eigentlich?).

Übung 6: «Rechte» bringen es durchaus fertig, bei Wahlen zu Hause zu bleiben – wenn es denn ein Zeichen «rechter» Gesinnung sein soll, die Finanzierung von Abtreibungen abzulehnen, die mehr aus Bequemlichkeit denn aus einer «schwerwiegenden Notlage» geschehen, oder an dem Fernziel einer staatlichen Wiedervereinigung festzuhalten, und zwar ernstlich, nicht mit vagen, in den Nebeln der Zukunft verschwimmenden Worten.

17. Tag Politische Gegner 1: Die roten Grünen

Übung 1: Die von Deklassierungsängsten gebeutelten Kleinbürger mit Hochschulbildung oder im akademischen Proletariat gelandeten Aussteiger.

Übung 2:
a) (Die Grünen sind) radikal... nicht aus Not, sondern aus Überdruß am Überfluß.
b) Überdruß an einer auf Konsum und Wachstum gerichteten Gesellschaft.

Übung 3: (Die Grünen) haben den ganzen Verfahrensrummel in Gang gesetzt.

Übung 4: Theater.

Übung 5: Der grüne Wunschtraum heißt: ein Knipsen am Schalter und Schluß.

Übung 6: Die Rationalität des parlamentarischen Systems ... stößt auf die Sehnsucht nach politischer Romantik, zumal in Deutschland. Einer Zeit der relativen Ruhe folgt die Unruhe, diesmal «links». Heute kommt die Unruhe aus Überdruß. Die Folgen können gefährlich sein, auch so.

18. Tag Politische Gegner 2: Die Sozialdemokratie

Übung 1: Die Partei driftet; die abdriftende Partei; weiterdriftende Partei.

Übung 2:
a) Rot-grüner Laden; Verwaltungswillkür.
b) Wiesbadener Patentdemokraten.
c) Eine andere Republik.

Übung 3:
a) Der ganze Standortschaden, den Hessen erlebt.
b) Hessen strotzt vor wirtschaftlicher Gesundheit.

Übung 4:
a) Es funktioniert als Mehrzweckwaffe, (wenn der SPD-Vorsitzende) die Worte «Rechtsstaat» und «Rechtsstaatlichkeit» gebetsmühlenhaft gebraucht.
b) (SPD soll zeigen,) daß in wichtigen Fragen der westdeutschen Außenpolitik parteiübergreifende Gemeinsamkeit noch möglich ist.
c) Rückmarsch in die siebziger Jahre.

Übung 5:
a) Politische Gedankensplitter.
b) Parteiegoistische Motive.

Übung 6: Die scharf Linkskurs haltende SPD, deren Kapitän der nachdenkliche Pfeifenraucher E. nicht ist, würde nicht anders können, als eine Mehrheitschance zusammen mit den Grünen zu nutzen. Der deutsche Irrationalismus, immer das Gute wollend, aber oft Schlimmes bewirkend, ist wieder auf dem Weg. Ihn nicht «auszugrenzen», das ist eine das Handeln vieler Politiker bestimmende Formel, in der sich Opportunismus und Pragmatismus auf verhängnisvolle Weise mischen.

19. Tag Politische Gegner 3: Sonstige Extremisten

Übung 1:
a) Die SPD.
b) Verliert sie (SPD) den Kontakt zu den Wählern der Mitte, ... (wird sie) noch weiter nach links geschoben, und am rechten Rande entsteht ein Freiraum für eine erzkonservative oder gar für eine rechtsradikale Partei.

Übung 2:
a) Dialektisch geschult.
b) Arroganz der Besserwisserei.
c) Gesinnungsfreunde.

Übung 3: Aus Klischees.

Übung 4: Die Linksradikalen (verhelfen) mit ihren Gegendemonstrationen den Rechtsradikalen erst zu Aufmerksamkeit in den Massenmedien.

Übung 5: Pazifisten ... (denn) man (hat) ein vernünftiges Abrüstungsangebot ... mit dem Vorschlag einer «Null-Lösung» ins Absurde gesteigert, um in der Innenpolitik die Pazifisten zu pazifizieren.

Übung 6: Es mag sein, daß ein alter Mann wie Robert Jungk, der solchen Veranstaltungen mit seinem Professoren-Titel einen Hauch von Wohlanständigkeit verleiht, sich dessen (der Zerstörungsabsicht der Kernkraftgegner) nicht mehr bewußt ist – bei seinen Reden fragt man sich ohnehin, ob sie nur töricht oder schon gefährlich sind.

20. Tag Die Arbeitnehmer

Übung 1: Intelligente Arbeitnehmer.

Übung 2: Wie auch immer man es wendet – den Menschen muß geholfen werden, nicht den Maschinen.

Übung 3: Der soziale Frieden.

Übung 4: Erfolglose.

Übung 5: Ob die Sache mit der Armut den Arbeitnehmern einleuchtet, denen es tatsächlich gutgeht, ist fraglich.

Übung 6: Die Unternehmen sollten nach Leistung und Einsatz und nach Angebot und Nachfrage auf dem örtlichen Arbeitsmarkt bezahlen. Das wäre vor allem im Interesse der Arbeitslosen, die ihre Arbeitskraft künftig zu Preisen eigenen Ermessens anbieten und sich damit eher einen Arbeitsplatz sichern könnten ... Hier hätte das («Recht auf Arbeit») einen praktischen Sinn: in dem Recht des Arbeiters, selbst zu entscheiden, zu welchem Preis und welchen Konditionen er seine Arbeitskraft anbieten will. Dazu würde auch gehören, daß er auf tarifliche Nebenleistungen des Arbeitgebers oder auf den gesetzlichen Kündigungsschutz verzichten darf.

21. Tag Die Gewerkschaften

Übung 1: Wo leben wir denn eigentlich?

Übung 2:

a) Zu hoch gesteckt.

b) Überzogen.

c) Intellektuelles Verdenken.

d) Ganz im Fahrwasser des DGB.

e) Einsicht.

Übung 3:

a) Demagogisch aufgeheizte Mitteilungen.

b) Üble Polemik.

c) Warnstreik-Orgie.

Übung 4:

a) Betriebsrat, der … zum Teil aus Leuten besteht, denen der Konflikt mit dem «kapitalistischen System» wichtiger ist als eine befriedigende Lösung für möglichst viele Menschen.

b) Für die Armen (haben die Gewerkschaften) nur Worte übrig.

c) Da drängt sich dann doch die Frage auf, ob die Urlaubskosten in Deutschland nicht auch etwas mit dem deutschen Lohnniveau und den Lohnnebenkosten zu tun haben, für das die Gewerkschaften mitverantwortlich sind.

Übung 5:

a) Die Gewerkschaften bestreiken …

b) Es ist erstaunlich, daß sie sich die Gängelei durch ihre Gewerkschaftsfunktionäre gefallen lassen.

c) Arbeitsplatzbesitzer.

Übung 6:

a) Ihre Geschichte ist voller Opfer und Entbehrungen. Aber diese Geschichte ist auch angefüllt mit großartigen Erfolgen. Gewerkschaften sind nicht zuletzt dank der Kontinuität im Kampf um sozialen Fortschritt in dem freien Staat der Gegenwart zu einer der wichtigsten politischen Säulen geworden …

b) Nachdenkliche und Aufgeschlossene.

22. Tag Sicherheit und Recht und Ordnung

Übung 1:
a) Allmählich scheint es, als sei das «Demonstrationsrecht», also das Recht, sich friedlich unter freiem Himmel zu versammeln, das Hauptgrundrecht der Verfassung.
b) Hochheiliges «Demonstrationsrecht».

Übung 2:
a) Es wäre klassische liberale Politik, den Inhaber von Rechten vor Eingriffen Dritter zu schützen. Aber andere Liberale finden, daß solche Rechte zugeteilt werden sollten, abgestuft nach Mode und Zeitstimmung. Welche sind da die eigentlichen Liberalen?
b) Als bloße Chiffre.

Übung 3: Ist er am Ende doch Politiker geblieben?

Übung 4: Die fast ohnmächtige Polizei.

Übung 5:
a) Aber in einer Welt der tausend gezielten Subventionen darf sich niemand wundern, wenn die Grenze zwischen Pfiffigkeit und Betrug unscharf wird. Das zählt zu den Risiken einer Wirtschaftspolitik der Schleichwege.
b) Hier wird nicht dem Rechtsbruch das Wort geredet. Hier wird nur für den kunstvollen Umgang mit einem unsinnigen Gesetz plädiert.
c) Sind die Ziele hehr, dann ist man geneigt, bei der Anwendung des geltenden Rechts ein wenig zu «schlabbern».

Übung 6: Zumindest den drei jüngeren (Sicherheitsoffizieren) kann man zugute halten, daß sie gleichsam Milieugeschädigte mit verringerter Schuldeinsichtsfähigkeit sind, geprägt von einem Geheimdienstmilieu, in dem das normale Rechtsempfinden unter einer pauschalen Vorab-Exkulpierung durch vorgebliche höhere Staatszwecke systematisch deformiert wird.

23. Tag Gewalt und Verbrechen

Übung 1: (Weil es) den Anschein (erweckt), die Mörderbande habe hohe politisch-moralische Maßstäbe gesetzt… Einen solchen Brief hätten die Brüder (des Opfers) nie schreiben dürfen.

Übung 2: Zu den Merkmalen der heutigen ideologisch motivierten Gewaltkriminellen gehört intellektueller Primitivismus.

Übung 3: Das kann oft harmlos anfangen, aus halbem Jux gegenüber einem milden Staat, den man durch das Vorführen gespielter Angst als grausam darstellen möchte. Aber der Vermummte gewinnt, zumal in der Menge, hinreichend abgeschirmt von Harmlosen, ein eigenartiges Lebensgefühl. Er fühlt sich nicht erkennbar, er tut in dieser Entfremdung etwas, was er allein und offen nie tun würde – er wirft zum Beispiel mit Pflastersteinen. Das ist ein sozialschädliches Verhalten, dem mit der präventiven Wirkung einer Strafvorschrift begegnet werden darf.

Übung 4:
a) Es wird nun spannend sein, zu beobachten, ob die abermalige Verbrechens-Anleitung in der «Tageszeitung»... strafrechtlich verfolgt wird.

b) Wie wäre es mit einem Staatsanwalt, der das Gesetz beim Wort nimmt und Taten folgen läßt?

c) In einem Land, das freiheitlich, rechtsstaatlich und demokratisch sein will, müssen aus der politischen Auseinandersetzung physische Mittel verbannt sein.

Übung 5: In den Blick nehmen.

Übung 6: Dann hätte sich unser Staat also in Zukunft auch um die in den Vereinigten Staaten zum Tode verurteilten Verbrecher zu bemühen.

24. Tag Umwelt und Technik

Übung 1:
a) Umweltschutz... sollte nicht ins hehre und unverbindliche Abseits einer Verfassungsproklamation erhoben werden.

b) Mit allgemein gehaltenen Formeln über den Wert der Natur und den Sinn des Umweltschutzes ist niemandem gedient.

c) Trotz des deutschen Vorstoßes wird es noch lange dauern, bis die Nordsee wieder sauber ist.

Übung 2:
a) Radioaktive Fremdverstrahlung aus der Sowjetunion, hausgemachte Katastrophe (Tschernobyl).

b) Klassischer Chemie-Unfall, was in einer der Hanauer Nuklearfabriken geschehen ist.

Übung 3:
a) Smog, politisch.

b) Sozialistische Staaten (sind) ihrer Natur nach schlimmere Umwelt-Sünder als «kapitalistische» Gemeinwesen.

Übung 4:
a) Zimperlich gehen wir mit unserer Umwelt nicht gerade um. Das

Bewußtsein für ökologische Zusammenhänge ist gewachsen, doch stehen wir noch an vielen Fronten mit der Natur im Krieg.

b) Doch sollte auch nicht an die wunderbare Arbeitsplatzvermehrung (durch mehr Umweltschutz) geglaubt werden. Die Formel «Arbeit durch Umwelt» geht nicht in dem Sinne auf, daß von beidem mehr zu haben ist.

Übung 5: Und ist dem Umweltschutz mit immer schärferen Strafandrohungen gedient? Ungeschoren bleiben doch nach wie vor all die kleinen Sünder, die unbemerkt weiter ihren Abfall im Wald abladen, Papier und Dosen aus fahrenden Zügen und Autos werfen, lärmende Rasenmäher bedienen oder auf Krafträdern dahinbrausen, die ungleich mehr Schadstoffe ausstoßen als jeder große Schwertransporter. Sich für Umweltschutz zu begeistern ist eben leichter, als selbst danach zu handeln.

Übung 6: Wo gar ein stets argwöhnischer Hausmeister über die gerechte Verteilung des knappen (Müll-)Raumes wacht, wird die Endlagerung des gebrauchten Geschenkpapiers, der Schleifen und Schnüre zur Herausforderung. Gut getarnt mit Gänseknochen und Gemüseresten, sucht so mancher vorsorgende Familienvater, schon am Heiligen Abend seine Papierabfälle loszuwerden.

25. Tag Die Geschichte

Übung 1:
a) Sicherlich haben die Verstrickungen in zwei Weltkriegen das Ansehen der Deutschen ... nicht gefördert.
b) Fehlsame.
c) Denunziationslisten.

Übung 2:
a) Diejenigen, die namens der Menschlichkeit Krieg führten gegen das von Hitler in seine Gewalt gebrachte Deutschland, hatten sich verführen lassen zu einer unmenschlichen Antwort auf Unmenschlichkeit.
b) Die Not eines Kriegsgebots.

Übung 3:
a) Der Unterschied zwischen den Konzentrationslagern ... ist (im Barbie-Prozeß) nicht verwischt worden.
b) Die Kriegswirtschaft war allenthalben nur mit requirierten Arbeitskräften aufrechtzuerhalten.
c) Das Unvermögen, in Gegensätzen zusammenzubleiben, hat im Kirchenkampf die Bekennende Kirche erst gelähmt und schließlich als Gegnerin des totalitären Staates zu Fall gebracht.

d) Wo Geschichte stattgefunden hat, so meinten viele Frankfurter Bürger, wo die Vergangenheit derart augenfällig ist, hat die Gegenwart ihr Recht verwirkt.

Übung 4: Auf den dreißigjährigen europäischen Bürgerkrieg, der 1914 begann und 1945 endete, folgte kein Friede mehr.

Übung 5: Als aber das europäische Konzert durch Französische Revolution und napoleonisches Empire aufgehoben war ... wurde es durch Krieg und Diplomatie erneuert.

Übung 6:
a) Nach Osten zu blicken, lag im Zug der Zeit.
b) Die Wirren der späten sechziger Jahre.

26. Tag Der Kommunismus

Übung 1:
a) Nicht der Westen, sondern die Sowjetunion (hat) in Sachen «Entspannung» eine Bringschuld.
b) Doch gerade die Deutschen haben Grund, jetzt Taten von ihm (Gorbatschow) zu verlangen.

Übung 2:
a) Abrüstung ist die Fortsetzung des Konfliktes mit unwiderstehlichen Mitteln.
b) Sowjetunion ... (betreibt) die Abrüstung, frei nach Clausewitz, als Fortsetzung der Aufrüstungspolitik mit anderen Mitteln.

Übung 3:
a) (Die Freilassung von Dissidenten) ist noch keine prinzipielle Wende zum Besseren.
b) Liberalisierung ist das genaue Gegenteil von dem, was der sowjetische Parteichef anstrebt; ihm geht es um die Ordnung und Verfestigung des Sozialismus auf dem Wege zum Kommunismus.

Übung 4:
a) Dürfen wir sicher sein, daß das Politbüro den aus rationellerem Wirtschaften fließenden Zuwachs an Mitteln nicht auch zur Destabilisierung des Westens und der Dritten Welt verwenden würde?
b) Hilfe kann und sollte der Westen anbieten; doch er hat keinen Grund, den Preis dafür zu niedrig anzusetzen.

Übung 5: Schon kursieren Gerüchte, der Kreml erwäge eine «deutschlandpolitische Initiative». Was das für die Bundesrepublik bedeutet, in der gerade wieder heftig über die «Stalin-Note» von 1952 diskutiert wird, kann man sich ausmalen, ebenso wie die Unruhe, welche solche Spekulationen ... stiften.

Übung 6:
a) Das Kräfteverhältnis in Moskau ist heute interessanter denn je.

b) ... wenn Gorbatschows Politik morgen steckenbliebe oder sogar brüsk abgebrochen würde?

c) Aber gerade an solchen Kreuzwegen (Gorbatschows Pläne der Umgestaltung im ZK) hat die Geschichte schon oft einen tragischen Verlauf genommen. Der Stolperstein ist immer wieder der gleiche: Die Privilegienbesitzer wollen nichts hergeben. Ungezählte Reformen und Reformer in der Geschichte sind daran gescheitert.

27. Tag Krieg und Frieden

Übung 1:
a) Ein Bündnis «produziert» Sicherheit nicht nur durch Waffen; Sicherheit ist auch Gefühl, das vermittelt sein will.

b) Aber die politische Software ist in der Regel noch wichtiger als die militärische Hardware.

Übung 2: (Sie) bringen den Westen in nicht geringe Verlegenheit, das Bündnis (Nato) in die Klemme, verstärken den Druck auf Reagan.

Übung 3:
a) Drohpotential Moskaus.

b) Zug um Zug drängt der sowjetische Parteichef die Bundesregierung immer näher vor die Wahl zwischen Abrüstung und Sicherheit.

c) Diskriminierende Rüstungskontrollen, (weil damit) die Sowjetunion ihrem Ziel näherkäme, über die Bundesrepublik ein Aufsichtsrecht zu gewinnen.

Übung 4:
a) Sogenannte Experten.

b) In Bremen steht ein Denkmal mit Bundeswehrhelm: Dem unbekannten Deserteur.

Übung 5:
a) Unsere Alliierten haben gewiß Verständnis für die Gründe, die jede Bundesregierung zu großer Zurückhaltung bei der Entsendung deutscher Soldaten in die weite Welt veranlassen. Doch wird daraus eine prinzipielle Ablehnung jeglichen Einsatzes «out of area», braucht man sich nicht zu wundern, wenn den Deutschen in der Nato das Etikett eines «Trittbrettfahrers» angeheftet wird.

b) Die Bonner These, das Grundgesetz verbiete die Entsendung deutscher Streitkräfte in die Welt außerhalb des Nato-Vertragsgebietes, ist unhaltbar.

218

Übung 6: ...daß auch Frauen das Recht haben müssen, sich zu verteidigen. Aber: die Verteidigung beginnt mit der Abschreckung. Und um diese sicherzustellen, um also auch die Frauen vor dem Töten und Getötetwerden zu bewahren, ist der Einsatz von Frauen in der Bundeswehr erwägenswert.

28. Tag Europa

Übung 1:
a) Das Wichtigste aber bleibt die Öffnung der Märkte – notfalls auch ohne Harmonisierung.
b) Ein grenzenloser Markt bietet allen einen spürbaren Wohlstandsschub.

Übung 2:
a) Aufwertungsopfer, Währungsopfer.
b) Mit dem Verständnis für Aktien, Kurse und Renditen scheint es bei den Briten zu hapern.
Was ist nur in die Italiener gefahren?

Übung 3:
a) Daß es auch spezielle deutsche Interessen geben könnte, die nicht immer mit denen der Gemeinschaft in Einklang zu bringen sind, scheint (den anderen Europäern) undenkbar.
b) England pflegt den insularen, Frankreich den strategischen, die Bundesrepublik den ökonomischen Egoismus.

Übung 4: Ein unüberbrückbarer Gegensatz.

Übung 5: Denuklearisierung.

Übung 6:
a) In Washington scheinen sich einige daran zu berauschen, was man mit Österreich alles anstellen könne. Was sie dabei mit Amerika anstellen, sehen sie in ihrer Blindheit nicht.
b) Doch Amerika ist der Haupt-Treiber gegen Waldheim. Dabei geht es weniger um Moral als um Politik – die Regierung in Washington will Millionen von Wählern schöntun.

29. Tag Der Rest der Welt

Übung 1:
a) Empfindliche Länder der Dritten Welt.
b) Hinterster Drittweltstaat.

c) «Befreiungsbewegungen» in der Dritten Welt... geben vor, gegen Unfreiheit und kritikwürdige Zustände zu kämpfen. Aber im Ergebnis verschlimmern sie sie in aller Regel.

Übung 2:

a) ... kann niemand den Banken vorwerfen, sie hätten durch eine «Politik des leichten Geldes» die Armen in immer höhere Schulden getrieben.

b) Fehlentwicklungen in der Weltwirtschaft geben, speziell in der Dritten Welt, Anlaß für Verdammungsurteile (der freien Wirtschaft).

c) Amerikaner werden wieder nur angeklagt.

Übung 3: ... muß der Westen verlangen, daß Moskau regionale Konflikte der Dritten Welt nicht für seine machtpolitischen Zwecke ausbeutet.

Übung 4: Wenn es (das Wort «Demokratisierung») in die Mikrophone von Fernseh-Korrespondenten in weit entfernten Ländern gesprochen wird, fühlen sich die Zuschauer zu erfreutem Kopfnicken veranlaßt. Aus ganz verschiedenen Teilen der Welt klingt es laut und häufig.

Übung 5:

a) Mit einer solchen Mischung aus Druck und Anreizen ist am besten zu erreichen, was die Menschen in Nicaragua wollen: Frieden, mehr Rechte, Freiheit und Demokratie.

b) Verhandlungen... sind am fehlenden Verhandlungswillen der Sandinisten gescheitert.

c) Ortegas Gesten.

d) Unglückselig.

Übung 6:

a) Die unausgegorene Gartenzaun-Politik der Vereinigten Staaten.

b) B.s Äußerungen offenbaren zugleich das anhaltende Selbstmitleid einer weitgehend gelähmten amerikanischen Regierung.

c) Jede weitere Woche der «Hearings»... und jede Enthüllung neuer Einzelheiten schaden dem Prestige, der Autorität und dem Durchsetzungsvermögen des Präsidenten. Die Art, in der diese Selbstschwächung zur systematischen Demontage ausgeweitet wird, ist politischer Masochismus.

FRIEDRICH CHRISTIAN DELIUS

«Delius ist das, was man etwas lax als ‹Achtundsechziger› bezeichnen kann. Nur gehört er zu den ganz wenigen Achtundsechzigern, die offensichtlich nichts vergessen haben. Da ist nichts verwässert, aufgeweicht oder durch Kompromisse zu Brei geschlagen. Immer noch legt er konsequent und unbestechlich den Finger auf die Wunde und bohrt. Bohrt tief, bis er an die Wurzel stößt. Neben der dichterischen Qualität ist es diese Einstellung, die die moralische Stärke des Schriftstellers F. C. Delius begründet.»

Neue Westfälische

Mogadischu Fensterplatz
Roman
272 Seiten. Gebunden

Adenauerplatz
Roman
288 Seiten. Gebunden und als rororo 5837

Ein Held der inneren Sicherheit
Roman
224 Seiten. das neue buch 153 und rororo 5469

Kerbholz
Gedichte
rororo 5073

ROWOHLT